世界的ティーチングプロ団体の
「マスター」が初公開！

世界が認めた究極のシンプルスイング キープレフト理論

USGTFマスターティーチングプロ 和田泰朗

日本文芸社

はじめに

こんにちは、ＵＳＧＴＦ（全米ゴルフ教師連盟）マスターティーチングプロの和田泰朗《わだひろあき》です。

ＵＳＧＴＦとはＷＧＴＦ（世界ゴルフ教師連盟）のアメリカ支部です。ＷＧＴＦとは、最新で効果が実証されているスイング分析手法に基づいたゴルフ指導法を確立、実施することによって、指導法と資格認定の基準を全世界で平準化することを目指しており、アメリカではＵＳＰＧＡ（全米プロゴルフ協会）と並ぶ二大勢力として知られています。全世界に３万８０００人の会員を抱えていますが、レベルⅣと呼ばれるマスターティーチングプロは、全会員のうちの１パーセント弱。日本には私を含めてたった３人しかいません。

私は２０１３年にマスターライセンスを取得しました。当時、日本人唯一のマスターティーチングプロだった森田《もりた》一《はじめ》さん（現・東京ゴルフ倶楽部ヘッドプロ）と出会い、そのうまさとデモンストレーションの巧みさ、しっかりした理論とお人柄の素晴らしさに触れて、森田プロのようになりたいと思ったのです。

そんな私が発表したスイング理論「キープレフト理論」がＷＧＴＦに認められ、おかげさまで世界のティーチングプロトップ１００の１人に選ばれました。世界中のティーチングプロたちから高い評価を得たことは、世界のトッププロがこのようにスイングしている証だと考えています。それを受け、このたび初めての自著を出版させていただくこととなった次第です。

さて、私が初めてゴルフクラブを握ったのは大学時代。それまでは野球一筋でしたが、ヒジのケガを機にゴルフに転向しました。

といってもプレーヤーになったわけではありません。大学で専攻していたスポーツ医学の授業と掛け持ちで、スイング動作を解析する研究をはじめたのです。今風にいえばスイングアナリストですが、ほどなく動作解析の難しさがわかりました。机上でデータと向き合っているだけでは埒《らち》が明かないということで、自分でもゴルフをやることにしたのです。

ゴルフには理論から入ったわけですが、最初はスライスしか出ず、初ラウンドのスコアは１６９！　ひとついわせていただくなら、後半のハーフは40台でした。

理由はほかでもなく、ドライバーを抜いたから。スタートホールで7発連続ＯＢを打ったのを皮切りにボールはなくなる一方。さすがに危機感をもったので、後半はウッドとアイアンを１本ずつとＳＷ、パターの４本だけにし、コンビニのレジ袋にボールを入れて回りました。

以後練習を重ね、アルバイトでお金を貯めてはアメリカにある大学の姉妹校に勉強に行くなどして修行を積みました。USGTFのライセンス（レベルⅢ）を取得したのは29歳のときですが、その間はおもにゴルフショップの経営に携わったり、オペレーターの仕事をしていました。

当時、アメリカから導入したウインドウズの動画に線を入れられるシステムがあり、これを練習場に設置したのですが、操作と解析ができるスタッフがいなかったため、私がオペレーティングを担当したのです。しかし、動作解析はできてもレッスンはできません。せっかく練習場にいるのにもったいない。そこでライセンスを取ったということです。


さて、ここまでお話しして何ですが、本書で紹介させていただくキープレフト理論はUSGTFのメソッドではありません。キープレフト理論のルーツは、いわゆる振り子の原理でうまくスイングすることができず苦労してきた自分のゴルフキャリアにあります。そして、私の見識を広げていただいた京王ゴルフスクールの関哲也《せきてつや》プロ、田村巨一《たむらなおかず》プロ、鈴木信《すずきまこと》プロ、川島憲二《かわしまけんじ》プロの存在があってのものです。

詳細は本編で述べますが、私にとって従来のスイングメソッドは難しすぎて手に負えませんでした。また、これまでスイングについて紹介されてきたメソッドのほとんどは、うまくできている人のスイングを解体、解説しているにすぎませんでした。

そこで、これまで培ってきた動作解析の知識を動員し、動作の原理を組み上げていく手法でスイングを分析、実践してみました。

加えて、指導者になってからはアマチュアの方と接する機会が増え、いろいろなスイングや体の動きを目の当《ま》たりにし、スイングに対する考え方もうかがいました。お客様から多くを学ばせていただき、それをメソッド作りにフィードバックできた。キープレフト理論はその集大成です。

本書では「なぜキープレフトがいいのか？」から話させていただきますが、一刻も早く実践していただきたいという思いから、先にスイングの形を紹介しています。シンプルなメソッドですから、動きを見て真似していただくだけでもショットが良化する可能性は十分です。うまくいかなければ順に読み進めてください。大切な順にポイントをまとめて紹介しましたので、必ずどこかで視界が開けてきます。

ゴルフは難しいスポーツです。でも、難しいのはラウンドで思い通りのパフォーマンスをすることであって、ボールを打つのが難しいわけではありません。スイングが難しく感じるのは、ひとえにメソッドのせいです。

従来のメソッドで行き詰まっておられる方はもちろん、ビギナーの方、さらなる高みを目指す方にも試していただきたいのがキープレフト理論です。本邦初公開ということもあって珍しく感じる部分があるかもしれませんが、これがワールドスタンダードです。

和田泰朗

世界が認めた究極のシンプルスイング キープレフト理論

目次

PART 1 キープレフト理論とは何か？ ～キープレフトの必要性とポイント～

Keep Left Theory

PART 2

キープレフト理論のスイング形態
～アドレスからフィニッシュまでの概略～

PART 3

二点吊り子とチルトでセットアップ
～キープレフトスイングのアドレス～

PART 4

フェースを開いてフル回転 ～キープレフト理論によるスイング習得のポイント～

PART 5
キープレフト理論のスイングメカニズム ~キープレフトの真髄~

PART 6 キープレフト理論マスタードリル ～キープレフトを効率よく身につける～

PART 1

キープレフト理論とは何か？
～キープレフトの必要性とポイント～

本邦初公開となるキープレフト理論
とはいかなるものなのか？
そして、なぜそれが必要なのか？
まずはその部分を明らかにする

Keep Left Theory

斜めの棒を斜めに動かす

うまくボールが打てないのは斜めの棒を斜めに動かせないから

Keep Left Theory

これまで振り子運動のイメージでスイングしてきた方は、一旦（ずっとでもいいです！）、振り子の発想を削除し、スイングについて無の状態になってください。

準備はよろしいですか？

では、まずゴルフクラブを思い浮かべてください。目の前にあれば手に取っていただいても結構です。

クラブは棒です。ヘッドがなければただの真っすぐな棒ですが、先端部にヘッドがあり、ソールすることで角度がつきます。そのため、棒は棒でも「斜めの棒」になります。

では、スイングとは何でしょう？　もちろんクラブを振ることです。クラブは斜めの棒ですから、スイングは「斜めの棒を斜めに動かす運動」ということになります。

うまくボールを打てないのは単純明快、「斜めの棒を斜めに動かせないから」です。斜めの棒を斜めに動かせないならば、動かすために必要なことをやればいい。この発想で生まれたのがキープレフト理論です。

キープレフトを正確にいうと、〝Keep a Club at Left side of an Axis〟で、「軸の左サイドにクラブを保つ」。「軸＝体」と解釈してもいいので、スイング中、体の左サイドにクラブを保っておく、と考えていただければOKです。

クラブは「斜めの棒」。スイングとは「斜めの棒を斜めに動かす運動」。うまく打てないのは「斜めの棒を斜めに動かせない」から

振り子スイングのリスク

アマチュアの飛距離が伸びないのは振り子運動を追求し続けているから

Keep Left Theory

私はゴルフをはじめてからしばらくの間、スイングは振り子運動だと思っていました。というか、そう教えられたので、クラブを振り子のように動かすイメージでスイングしていました。スイングが振り子運動といわれるのは、長くて先端部が重い道具を使うから。アイアンはいわずもがな、昔はドライバーでさえ４００グラムを超える重さがありました。それゆえ、岡本《おかもと》綾子《あやこ》プロのように、振り子運動を巧みに取り入れた打ち方が主流になりました。先端が重く、特殊なL字型の道具を効率よく操れたからです。

時代は変わり、クラブの軽量化が急速に進みました。また、タイガー・ウッズのようなフィジカルの強さを前面に押し出すアスリートが出現。クラブが相対的にも軽くなったことで、ドライバーショットは３００ヤード時代に突入しました。クラブの改良にはさらなる拍車がかかり、各メーカーとも長尺化や慣性モーメントの増大を図るなど、今もバージョンアップに余念がありません。

ところが、恩恵を受けているのはプロだけで、アマチュアゴルファーの飛距離は伸びていません。なぜでしょうか？　それは今に至るまで、振り子運動を追求し続けているからです。

もちろん、スイングに振り子は不要というつもりはありません。軽くなった道具を振り子運動だけで打つには限界があり、リスキーなスイングになる、ということをお伝えしたいのです。

たとえば、振り子運動では位置エネルギーしか使えません。位置エネルギーとは、モノが高いところから落ちるときに生まれるエネルギーのこと。簡単にいうと、このエネルギーを利用してヘッドを走らせるのがスイングにおける振り子運動です。

エネルギーをヘッドの加速度とするならば、落ちてくるポジション（高さ）、振り棒（クラブ）の長さ、先端部の重量などに比例して加速度は大きくなります。いずれにしても、振り子運動でスイングするには、位置エネルギーを失わないことが前提になります。

そうなると、いつになってもゴルファーは力を抜いて、ゆっくり動くことに専心しなければなりません。プレッシャーがかかった場面でこれをやるのは困難。プロでさえそうなのですから、一打一打に緊張を強いられるアマチュアゴルファーの方はなおさら。主役は常に位置エネルギーを帯びたクラブで、いつまでたっても能動的にスイングできないことになってしまいます。

振り子スイングは二重振り子運動

振り子で振る限りはふたつの振り子を絶妙にシンクロさせないと打てない

いうまでもありませんが、振り子運動では支点を中心に物体が動きます。

支点を左肩にした振り子運動でクラブを振るとするなら、アドレスからバックスイングで支点は右に移動し、アドレスの位置に戻るにしろ戻らないにしろ、再び左に動きます。こんな動的で不安定な支点に対して振り子をコントロールするのは、とてつもなく難しい

フェース面を動かすには手首を支点とした振り子が必要。フェースが開閉する分、インパクトの再現性は低い

手首が支点の振り子運動

Keep Left Theory

ことです。

それだけにとどまりません。クラブにはライ角がありますから、振り子運動を正面から見てスイングのシルエットにするには、先端部の旋回が不可欠。すなわち、フェース面を動かして向きを変えなければなりません。これを行うにはもう一つ、手首を支点とした振り子も必要になります。

確かにひとつの手法ではありますが、バックスイングでフェースが開き、ダウンスイングで閉じてくるため、必然的にインパクトの再現性は低くなります。

ふたつの振り子を同時に使うのがスイングにおける振り子運動

手首が支点の振り子運動

左肩支点で振るには、移動する支点に対して振り子運動をしなければならない

また、トップからダウンスイングでグリップがボール方向に行くオーバー・ザ・トップになりやすいため、常にスイング軌道がアウトサイド・インになるリスクを負います。ボールへのコンタクトは可能ですが、当たり負けしてボールは真っすぐ飛びづらくもなる、当たり負けのメカニズムです。

左肩支点の振り子が作動中に、クラブは絶対といっていいほど振り遅れます。そうなると連鎖的に手首支点の振り子も振り遅れることになります。そこで「どうしよう？」となり、右手を返す、あるいはフックグリップにするといった、その場しのぎの対処をすることになります。

このことからもわかる通り、**振り子運動でクラブを振る限り、ふたつの振り子を同時に、かつ絶妙のタイミングでシンクロさせないときれいには打てません。**スイングにおける振り子運動は、例外なく、研ぎ澄まされた二重振り子運動でなければならないのです。

私は動作解析の研究を通じてこの事実を知り、スイングとはなんて面倒臭いんだ、と思いました。一瞬の動きの中でふたつの振り子運動を完成させるなど考えるだけでもイラッとする。あまりに難しすぎてモノにしきれませんでした。また、指導の現場でも「リリースが早かった（遅かった）」というような後追い指摘しかできず、なかなか問題の解決に漕ぎ着けませんでした。

一瞬の動きの中でふたつの振り子運動を完成させるのはすごく難しい

振り子スイングが難しくて手に負えないからフックグリップにしたり、スイング中に右手を返さなければならない

長い棒のやさしい振り方

長い棒を振り子運動で振るのは限りなく不可能に近い

ここで話をわかりやすくするために、クラブではなく、単なる長い棒で地面にあるボールを打つことを考えてみたいと思います。

長い棒の先端で正確にボールをヒットするのは容易なことではありません。右↓左の順に体をヨコにスエーさせれば当たるかもしれませんが、遠くには飛ばせません。先端部のスピードを上げようと、手首を支点に振り子の原理で上から下に動かすと先端が地面に刺さってしまいますし、体の正面の狭い範囲で振り子（ローテーション）を使うにしてもボールに当てるのがやっと。まるで曲打ちのようなテクニックが必要になります。

では、どうすれば打てるのでしょう？　まず棒の真ん中あたりを持ちます。要は短く持つわけです。しかし、それだと棒の余り部分が体にぶつかって、そのまま振ることはできません。

Keep Left Theory

長い棒を長いまま持って
振り子をするとボールに
当てるのがやっと

長い棒を短く持っても振
り子運動では振れない。
そのまま振るとグリップ
エンド側が腹に当たるの
で右サイドで手を返さな
ければならない

そこで余った部分（クラブでいえばグリップエンド側）を体の左サイドにズラし、ボール側の先端が自分から見て右斜め下、グリップ側の先端が左斜め上を指すようにします。早い話が、体に対して真っすぐ（タテといってもいいでしょう）持っていたものをヨコに持つようにするわけです。こうすると、もてあましていた長い棒を振れる態勢になります。

しかし、残念ながら振り子運動ではこれをやるのは

グリップエンド側を終始体の左サイドに置く

グリップエンド側を体の左サイドにズラしたまま
振れればフィニッシュまで行ける

難しい。振り子では手首を支点とした振り子が入ります。せっかくグリップ側の先端を体の左サイドにズラしたのに、途中で振り子を入れたら、その先端部が体にぶつかって振れません。

　これを避けるには棒を振り下ろす過程で、グリップ側の先端部を体の右サイドに逃がさなければいけない。とても面倒ですし、やったところでちゃんと当たりません。結局、**長い棒を振り子運動で振るのは、限りなく不可能に近い行為**ということになるのです。

YES

両手の間隔を空けて長い棒の真ん中を持つ

自分から見て棒のボール側が右斜め下、グリップ側が左斜め上に向けておく

体が右に回る

二点吊り子運動の必要性

二点吊り子の要素がないとプロのようには打てない

長い棒を斜めに振るのに振り子運動がふさわしくないことはおわかりいただけたと思いますが、これは長い棒をクラブに持ち替えても同じです。短いぶん振りやすくはなっても、振り子で振り続ける限り、そのデメリットが解消するわけではないからです。

そこで**必要になるのが二点吊り子運動です。**

二点によって吊られた棒は水平に動く性質があります。ここでいうなら、**体の正面に腕を垂らし、クラブを持った状態で手を左右に動かす感じ**です。このとき、ヘッド側とグリップエンド側の移動距離は等しくなる。これが二点吊り子運動です。

プロとアマチュアの方のインパクトの違いは、二点吊り子が入っているかいないかの違いです。ずっとそういわれてきたせいもあり、アマチュアの方のスイングには振り子運動を想起させる動

Keep Left Theory

プロは二点吊り子で振っている

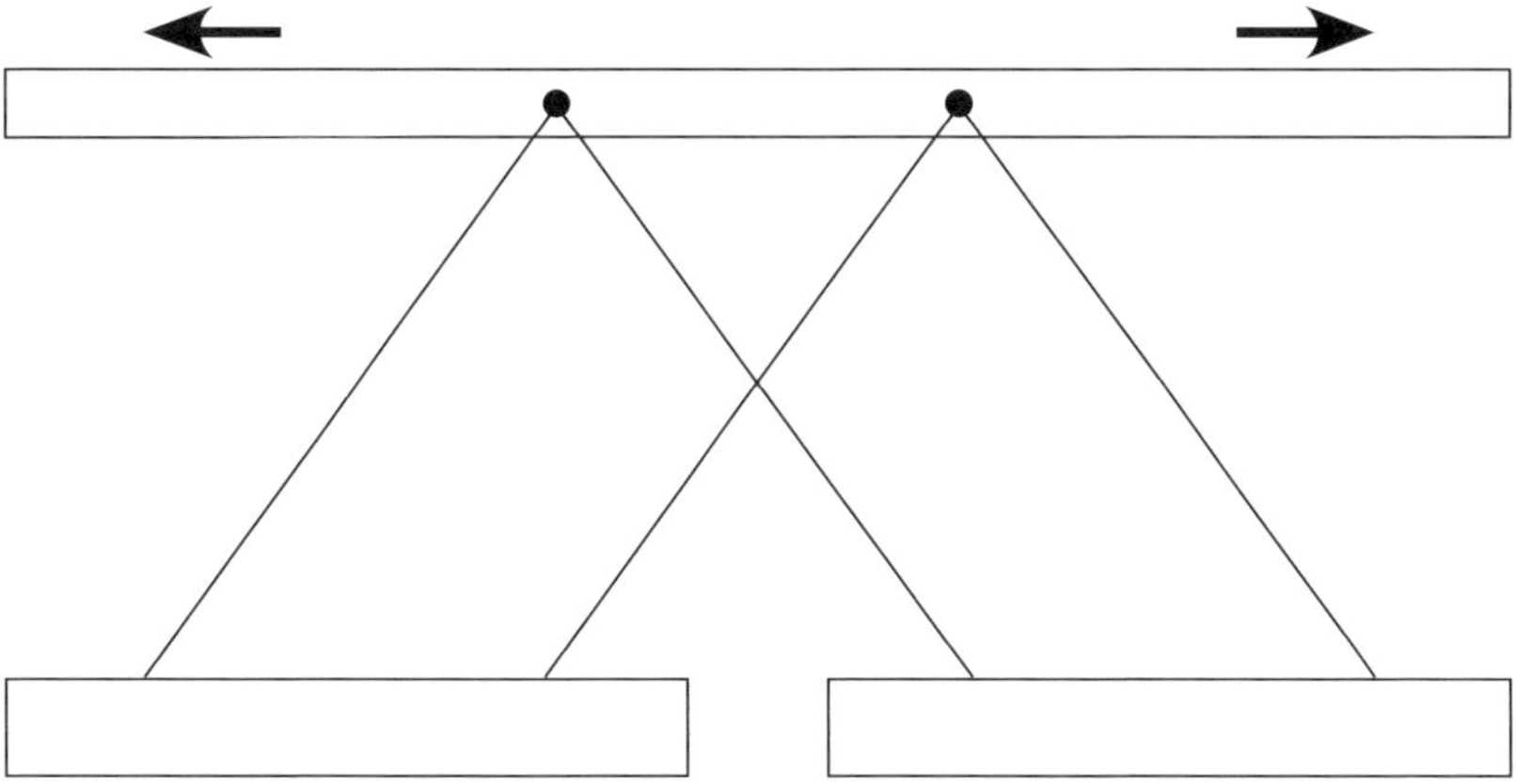

二点で吊られた振り子。吊っている側の棒を左右に動かすと
振り子も左右に水平移動。振り子の両端の移動距離は同じ

二点吊り子が入っていれば斜めのクラブが斜めに動く

体の正面に腕を垂らし、クラブを持った状態で手を左右に動かす感じで振る

作が多く見受けられます。最たるものがダウンスイング時のキャスティング（手首がほどける動き）。ハンドレートになってインパクトでロフトが寝るため、いわゆるすくい打ちになってエネルギーが上に逃げてしまいます。

これに対し、プロはハンドファーストでインパクトするためロフトが立ちます。ヘッドの軌道はゆるやかなダウンブローになりますから、ボールには目標方向に強い推進力が得られます。ボールは上がりづらいですが、プロはパワーもヘッドスピードもあるので問題ない。悪いライでもコントロールしやすいというメリットもあります。

すでに述べたように、振り子運動は位置エネルギーによる慣性モーメントがエネルギーの主体でネガティブなものです。一方、プロは自分の力でクラブを動かし、ポジティブにボールにエネルギーを与えている。スイングに二点吊り子の要素がないとプロのようにはなりません。

ということで、キープレフト理論では、

「クラブを体の左側にキープする」
「二点吊り子運動を使う」

この二つがポイントになります。ひとまずは、これらを知っておいてください。

PART 2

キープレフト理論のスイング形態
〜アドレスからフィニッシュまでの概略〜

パート２ではキープレフト理論に基づくスイングの動きをパーツごとに分解して紹介。各論に先立ってスイングの概略をつかんでおく

Keep Left Theory

キープレフトのアドレス

二点吊り子運動のキープレフトでは スクエアグリップにしかならない

能書きはあとのパートに譲るとして、パート2ではキープレフト理論のスイングを、ショウウィンドウを覗くように見ていただき、各パートで何をしているか、および体がどうなっているかを先にお伝えします。

まずはグリップ&アドレス。アドレスに入る前には必ず斜めの棒（クラブ）をイメージ

アドレス

アドレス前に 斜めの棒(クラブ) をイメージ

Check
クラブの重さを
感じる

Keep Left Theory

します。それに対して構えるため、体を傾けて入る形になります（80ページ参照）。

　キープレフトでは、グリップはスクエアになります。握り方、プレッシャーにも制約はありませんが、クラブの重さは感じていたいところです。

　スタンス幅は体型次第。太めの方は広め、痩せ型や背の低い方は狭めが目安です。振り子スイングでは、腕と肩でできる三角形を意識しますが、キープレフトでは四角形。上体を右に傾けること（チルト）が必須で、右脚は地面に対して斜めになります。

Check
上体を右に傾ける
Check
三角形ではなく
四角形をイメージ
Check
グリップは
スクエア
Check
右脚は地面に
対して斜めになる
Check
スタンス幅は太め
の人は広め、痩せ
型や背の低い人は
狭めが目安

▶詳細は P46 ～ 81 参照

キープレフトのテークバック～バックスイング

ヘッドやフェースの向きに関与するアクションは不要

始動ではフォワードプレスが重要。クラブをヨコに持ち、二点吊り子運動に誘導できます。フォワードプレスするとフェースは開きますが、そのままでOK（84ページ参照）。なれれば入れなくてもいいですが、クラブをヨコに持って二点吊り子で振る意識は不可欠です。

テークバック～バックスイング

Check
コックやアームローテーションは不要

Keep Left Theory

バックスイングでは、体を右に回して左肩を水平移動。右腕の上腕部が体側についていること、左肩が下がらないことが条件です。動きやすいようフラットに回る感じです。

また、コッキングやアームローテーションなど、ヘッドやフェースの向きに関与するアクションは基本的にＮＧ。体の前でヨコに寝かせたクラブをノーコックで、体の回転を使って右に移動させます。グリップ側のクラブの延長線が体と重なることはありません（＝キープレフト）。

Check
体を右に回して
左肩を水平移動
Check
右上腕部が
体側につく
Check
グリップ側のクラ
ブの延長線が体と
重ならない

▶詳細は P84 ～ 87 参照

キープレフトのバックスイング～トップ

バックスイング中左腕はできるだけ伸ばし続ける

二点吊り子運動と回転運動が共存していれば、この過程でクラブは寝ても構いません。むしろ、寝かせたほうがいいくらいです。

基本はノーコックですが、手首の角度が小さくならないのが自然なので、腕とクラブでできる内角は、バックスイングからトップで90～120度くらいになります（87ペー

バックスイング～トップ

Check
右ヒジは内側に絞らない
Check
バックスイングの過程でクラブは寝てもいい
Check
胸部を回す
Check

Keep Left Theory

ジ参照)。

また、バックスイング中に右ヒジを内側に絞る動きを安易に入れてはいけません。右ヒジを絞ると右前腕が右に回りはじめますが、こうなると右肩甲骨が下がります。右の肩甲骨が下がると、クラブの斜めの角度を保つことができず、ダウンスイングで胸郭(胸をとりまいている骨格)に対して肩甲骨が遅れて動けなくなります。

総じてバックスイング中は、できるだけ左腕を伸ばし続けます。トップはフラットでコンパクトになります。

Check
トップはフラット
でコンパクト
Check
腕とクラブでできる内
角は大きくなっていい
Check
できるだけ左腕
を伸ばし続ける

▶詳細は P84 ～ 89 参照

キープレフトのダウンスイング

胸郭を下に向けながら右肩を右ヒジより先行して動かす

斜めの棒を自分の力で振り上げ、自分の力で打つのがキープレフトの理念です。

ダウンスイングで胸が起き上がりながら回転運動するとそれができませんから、胸郭を下に向けながらインパクトに向かうイメージが大事です。ダフりそうな気がするかもしれませんが、回りやすいよう

ダウンスイング

Check
フェースは開いたまま下ろす

Check
右上腕が体側の後方に向かう

Check
インサイドからヘッドが下りる

回転運動を使って自分の力で打つ

Keep Left Theory

バックスイングをフラットに上げているのでダフりません。

回転動作の起点は常に胸郭です。胸郭が回転をはじめると、相対的に右上腕が体側の後方に向かいます。多くのゴルファーはタメを作ろうと右ヒジを絞る傾向がありますが、右上腕が前に出ると胸郭の回転が減速しますから、右肩は右ヒジより先行して動かなくてはなりません。右肩を速く動かすほど飛びます。

また、このタイミングでフェースを閉じる動作は絶対NG。開いたまま下ろします。

Check
右肩を速く動かすほど飛ぶ
Check
右肩は右ヒジより先行して動く
Check
胸郭を下に向けながらインパクトに向かう
Check
タメを作ろうとしない

▶詳細は 88 ～ 89 参照

キープレフトのインパクト

シャフトの延長線が体の左サイドにくる

キープレフトの原則で二点吊り子と回転運動を組み合わせると、インパクトでロフトが立ちます。二点吊り子では理論上、グリップエンド側とヘッド側の移動量が同じですから、そこに体の回転が入ると、グリップエンド側とヘッド側が反転します。

インパクトでフォワードプレスの形に戻るわけですが、

インパクト

グリップエンド側とヘッド側が反転
Check
右股関節の位置をインパクトまで変えない
Check
右足を使って回転する

Keep Left Theory

これと回転運動が融合すると手がスクエアになる。クラブが体の左サイドにキープできていればオートマチックにボールをヒットできるわけです。

このとき、右足を使って回転するのがポイント。アドレス時から右足はずっと斜めのまま。これで斜めのものを斜めに振れます（グリップとクラブは体の左サイド）。

同時に、右股関節の位置をインパクトまで変えないことも大事。私は1ミリたりとも変えずにインパクトに向かうイメージをもっています。

Check
手がスクエアになる
Check
クラブは体の左サイドにキープ
Check
インパクトでロフトが立つ

▶詳細は P90 ～ 97 参照

キープレフトのフォロー〜フィニッシュ

フォローからフィニッシュで右手を目標方向に放りたくなる

キープレフトの二点吊り子で振れると、フォローからフィニッシュで、右手を目標方向に解き放ちたくなります。実際に右手が離れることはありませんが、そんな感覚になるということです。

足はいわゆるベタ足。どちらかといえば右足体重のフィニッシュになります。ダウン

フォロー〜フィニッシュ

フィニッシュでは右足に体重が残っていい

Check
右手を目標方向に放ちたい
Check
スイングプレーンに乗るのはヘッドでシャフトでなない

Keep Left Theory

スイングで腰を切るときは右足体重で、放たれた下半身があとから前に行くので、結果的に左足体重になります。つまり左軸では打たないということ。右足に体重が乗ったベタ足でインパクトを迎え、最後の最後に左足にも乗ります。

ちなみに、フォローサイドでシャフトがスイングプレーンと合致するイメージはNG。振り子運動で手を返さないと、そうはなりません。スイングプレーンに乗るのはあくまでヘッドで、フェース面が変わることもありません。

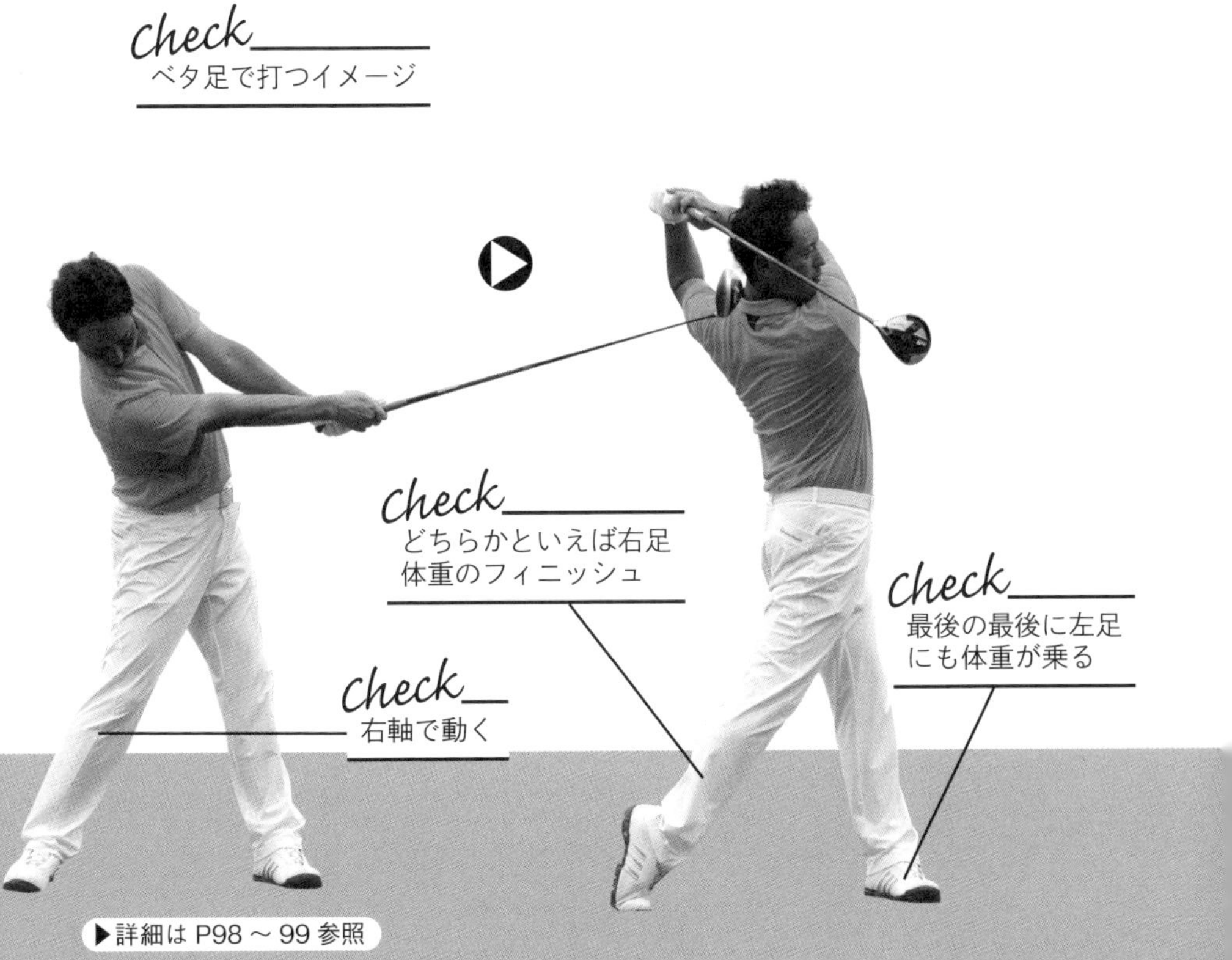
Check
ベタ足で打つイメージ
Check
どちらかといえば右足体重のフィニッシュ
Check
最後の最後に左足にも体重が乗る
Check
右軸で動く

▶詳細は P98 ～ 99 参照

両手の間隔を空けてクラブを持ち、左右に動かすのが二点吊り子運動。プロのスイングには二点吊り子が入っているので、自分の力でクラブを動かし、ポジティブにボールにエネルギーを与えられる。体の左にクラブがあれば体の回転だけで打てる

クラブを体の左側にキープし二点吊り子運動をする

column

3度目の挑戦でUSGTF マスターライセンスを取得

今でこそUSGTFマスターティーチングプロを名乗る私ですが、マスターまでの道のりは険しく３度の挑戦を要しました。

ラウンドテストは２日間続けて70台が合格の最低条件。サドンデス方式なので、初日に80を打ったら即終了です。

１度目は、初日はクリアしましたが２日目でアウト。２度目はあえなく初日で終了。３度目はやっと通過しましたが、２日目は相当ビビりました。これを通過するとデモンストレーションテストに進み、USGTFの理論に基づいたメソッドで、アプローチやバンカーショットを決められた枠に入れる、といった課題を消化します。今思い起こしても、一連のラウンドとデモンストレーションはタフすぎるくらいタフでした。

それもそのはず、レベルⅣといわれるマスターライセンスは、レベルⅢの資格取得後２年以上を経過し、プロの指導者として社会的に評価を受けていないと受験資格が与えられません。そのうえ、合格者は全世界のメンバーのわずか１パーセント弱だったのです。

USGTF には約３万 8000 人の会員が在籍

PART 3

二点吊り子とチルトでセットアップ
～キープレフトスイングのアドレス～

スイングで最重要といわれるアドレス。キープレフト理論でも例外ではない。正しく実践するためのお膳立てをしっかり身につけたい

Keep Left Theory

三角形の構えと四角形の構え

1本の棒を2本の手で持ち両手に間隔があれば四角形

スイングでは「肩と腕の三角形を保つ」といわれます。そのため、セットアップでこの三角形を作るように心がけている方もいると思いますが、実はここに落とし穴があります。

クラブを持つときは、誰もが右手と左手をタテにズラします。アドレスした状態でいえば右手が下、左手が上になり、両手は

両手を重ねて持てば三角形

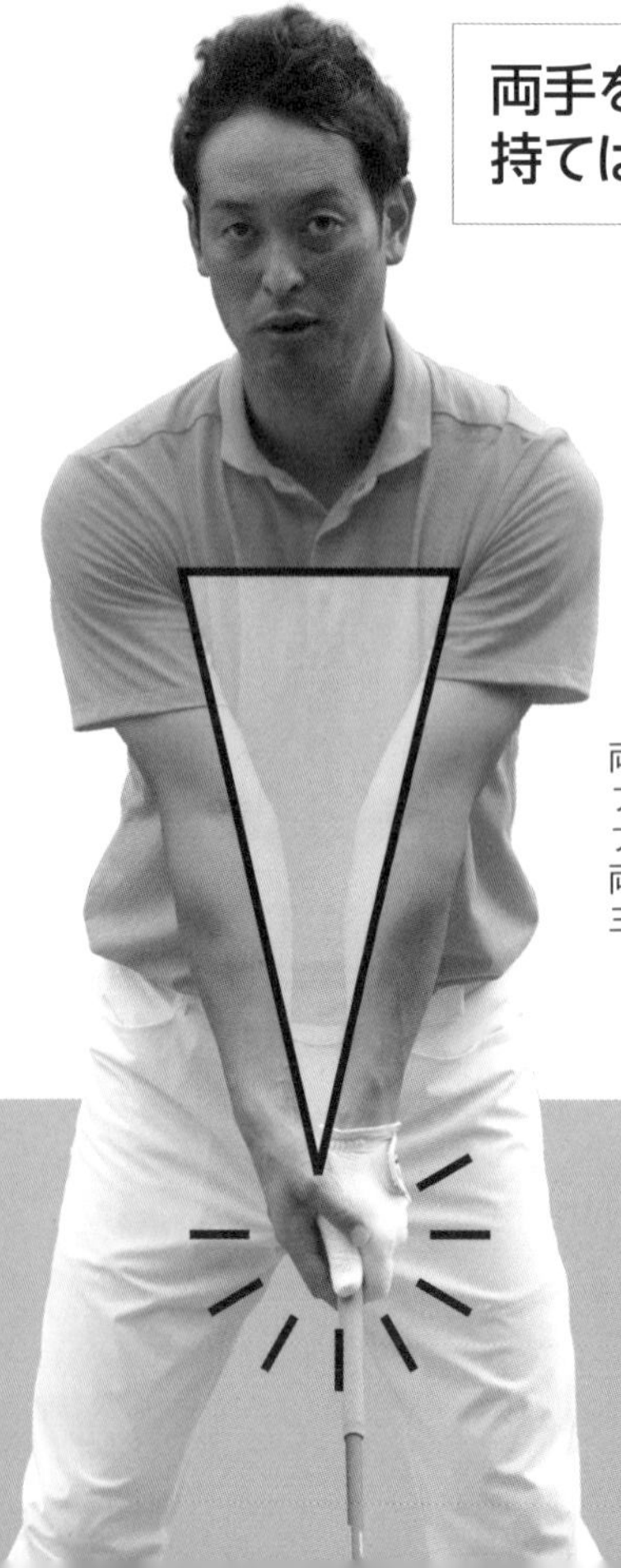

両手を重ねてクラブを持てばグリップが点になるので、両肩とグリップで三角形ができる

Keep Left Theory

重なりません。グリップの握り方によって重なる部分があるにしてもほんの一部だけ。つまり両手は離れています。

両手が離れた状態でできる肩と腕の形を三角形ととらえるのは、動作解析上困難です。**両手が重なっていれば三角形ですが、たとえわずかでも離れている以上、その時点で三角形にはなりえません。見た目は三角形でも構造は四角形。１本の棒を２本の手で持ち、両手に間隔があれば四角形なのです。**餅つきの杵やつるはしを使うとき、両手を重ねて持たないのと同じです。

左右の手をタテにズラしてクラブを持っている

手をズラせて持ったら四角形

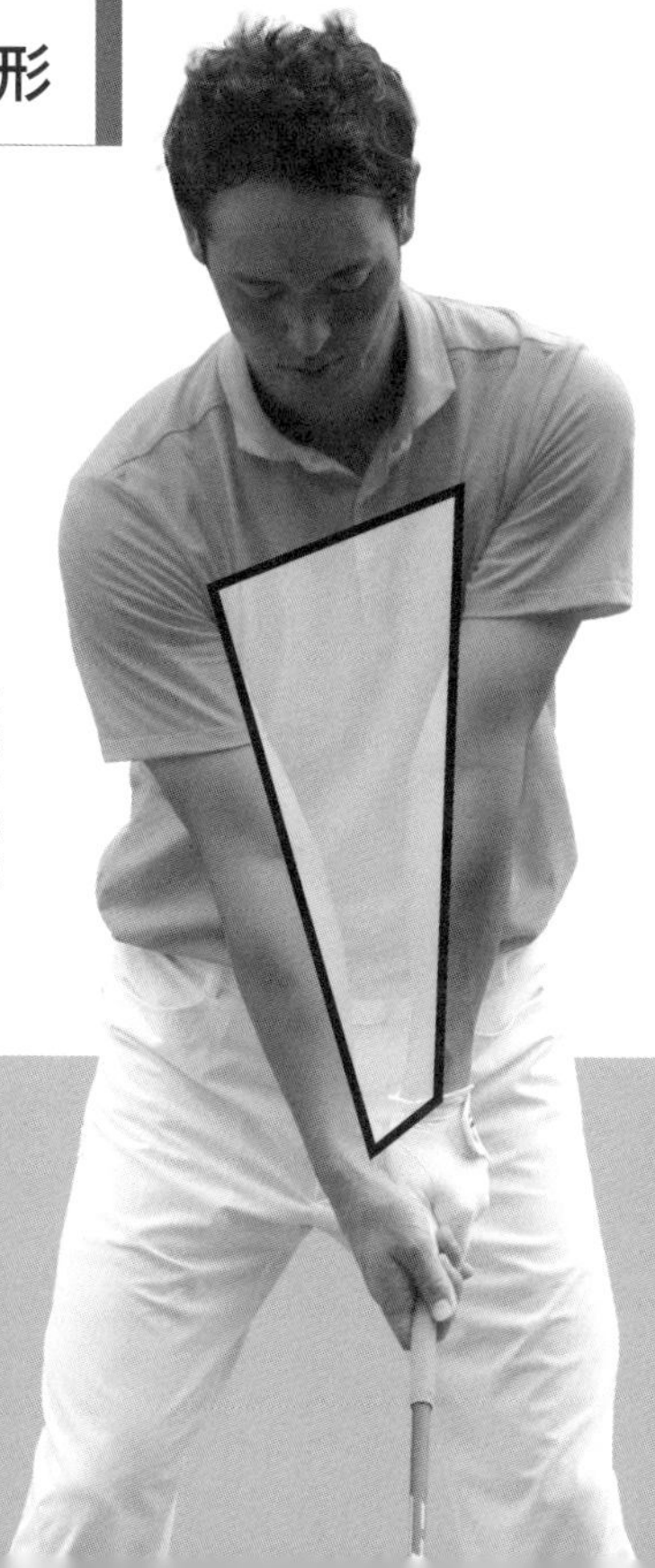

両手がタテにズレた状態でできる肩と腕の形は三角形ではない。見た目は三角形でも構造は四角形だ

二点吊り子でクラブを吊る

肩と腕とクラブで四角形を作る

スイングは回転運動なしで考えられませんから、いかにシンプルに振るかは、回転運動以外の部分をどうするか？　ということにかかってきます。その視点から見て、物理的に大きな役割を果たすのが二点吊り子運動。**振り子運動から二点吊り子運動に転換すると、スイングがグンとやさしくなります。**その二点吊り子の基本概念になるのが前頁でお話しした四角形です。

アドレスではまず、両手の間隔を空けてクラブを持ち（左手は甲、右手は手のひら側を正面に向ける）、真っすぐ立って、クラブを持った両腕を体の前に垂らします。このとき肩と腕とクラブでできる形は紛れもなく四角形。二点によってクラブが吊られている状態（二点吊り子）です。

グリップについては特に考える必要はありません。この態勢でストロングやウィークに持つ方はいないでしょう。握る強さはクラブの重さを感じられる程度にしましょう

Keep Left Theory

クラブは二点で吊られている

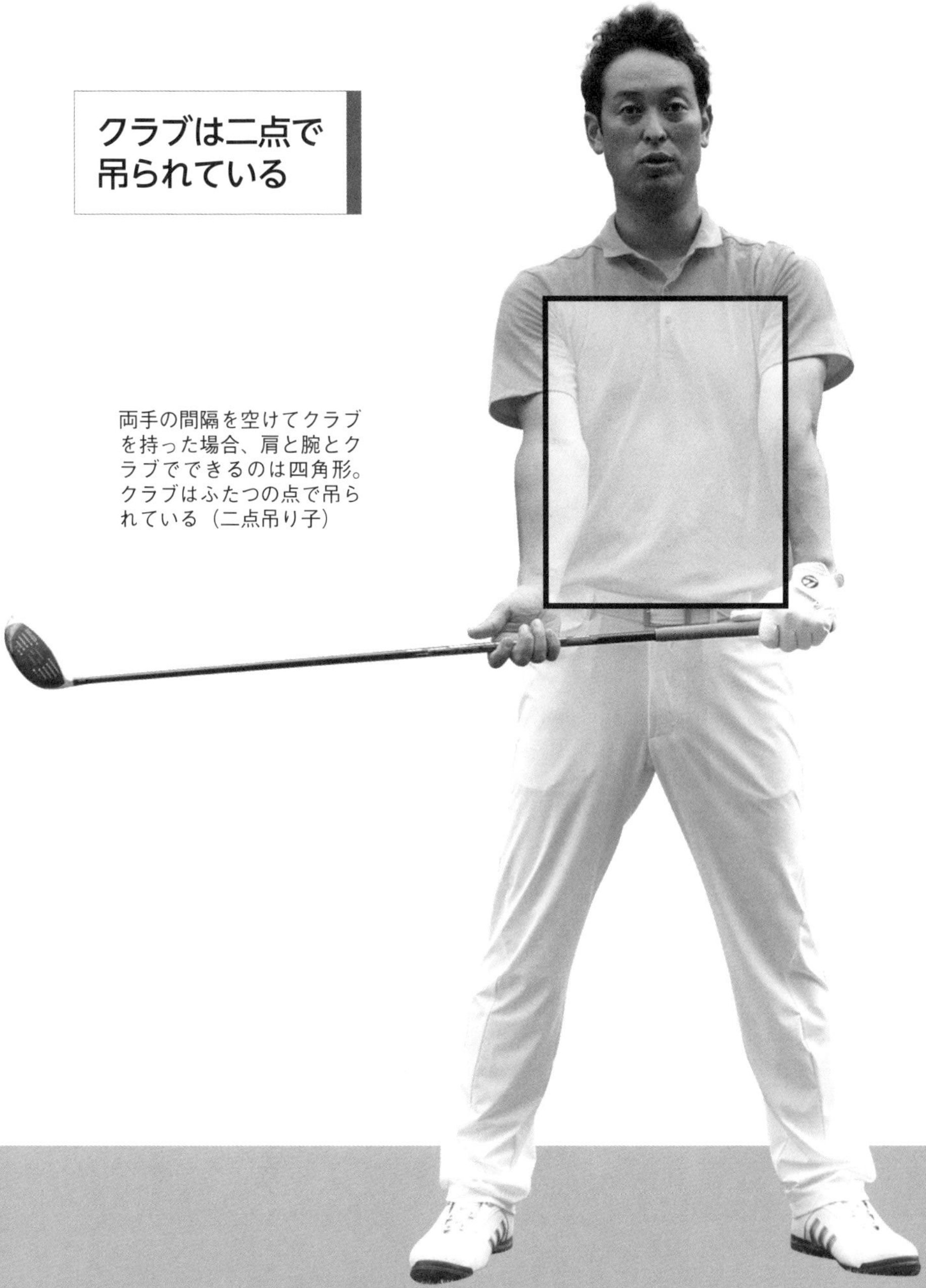

両手の間隔を空けてクラブを持った場合、肩と腕とクラブでできるのは四角形。クラブはふたつの点で吊られている（二点吊り子）

チルトと平行四辺形

上体を右にチルトして四角形を平行四辺形にする

二点吊り子でクラブを持てたら上体を右にチルトします。チルトとは「傾ける」という意味。おもに軸を中心に上下に傾ける場合に使われます。ここでは右側屈です。

二点吊り子をキープして上体を右にチルトすると、クラブヘッド側が右斜め下、

まずはまっすぐ立ち、二点吊り子でクラブを吊って肩と腕とクラブで四角形を作る

二点吊り子を維持して上体を右にチルト（右側屈）

Keep Left Theory

グリップエンド側が左斜め上を指してクラブが斜めになり、**腕と肩とクラブで形成されていた四角形が平行四辺形になります。**

右側屈でクラブを斜めにする

クラブのヘッド側が右斜め下、グリップエンド側が左斜め上を指して四角形が平行四辺形に変形、クラブが斜めになる。アドレスではクラブを斜めにすることが重要だ

平行四辺形から右手を左手に寄せると
クラブを斜めにしたまま構えられる

3 右手を左手に寄せる

4 ヘッドをボールに合わせる

Check
グリップが完成。ここまでフェースはずっと開いたままにしておく

Check
ヘッドがボールに寄る。グリップエンドの延長線が体の左にキープされる

NO

振り子スイングのアドレスではグリップエンドが体の真ん中を指す

1 平行四辺形を作る

Check
上体を右にチルト。肩と腕とクラブで平行四辺形を作る

2 フェースは開いたまま

Check
右にチルトしたまま傘をすぼめるように右手を左手に寄せる

内反ヒジ対策

内反ヒジの人は少し曲げてもいいので左ヒジを目標方向に向ける

日本人の場合、もともと腕が内側に反っている方がかなりの数いらっしゃいます。こういったヒジを内反ヒジといい、俗に〝猿手〟などとも呼ばれます。内反ヒジの方はグリップするとヒジが反りますが上腕部はそのまま。つまり前腕部が回っても上腕部が旋回しません。

NO

内反ヒジの人がそのまま構えた場合、前腕部が回っても上腕部が旋回しないので、二点吊り子運動がしづらい

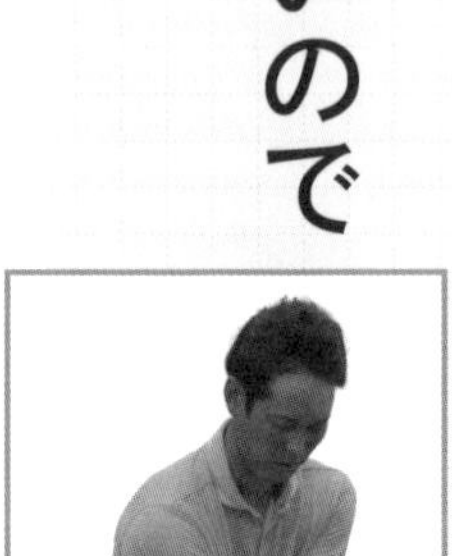
内反ヒジ。構えたときに腕が反る

これはスイングが振り子運動に誘導されやすい特性といえます。内反しやすい人は、振り子の原理にのっとってクラブをタテに持ちやすい。三角形をキープする目的でヒジを絞ろうものなら、内反がマックスになって回転運動ができません。

二点吊り子でクラブをヨコに持つと、内反の影響は最小限に抑えられます。**それでも内反してしまう方は、少し曲げてもいいので左ヒジを外側（目標方向）に向けておきましょう。**

YES

まず二点吊り子でクラブをヨコに持つこと。左ヒジを少し曲げてもいいので、必ず目標方向を向くように構える

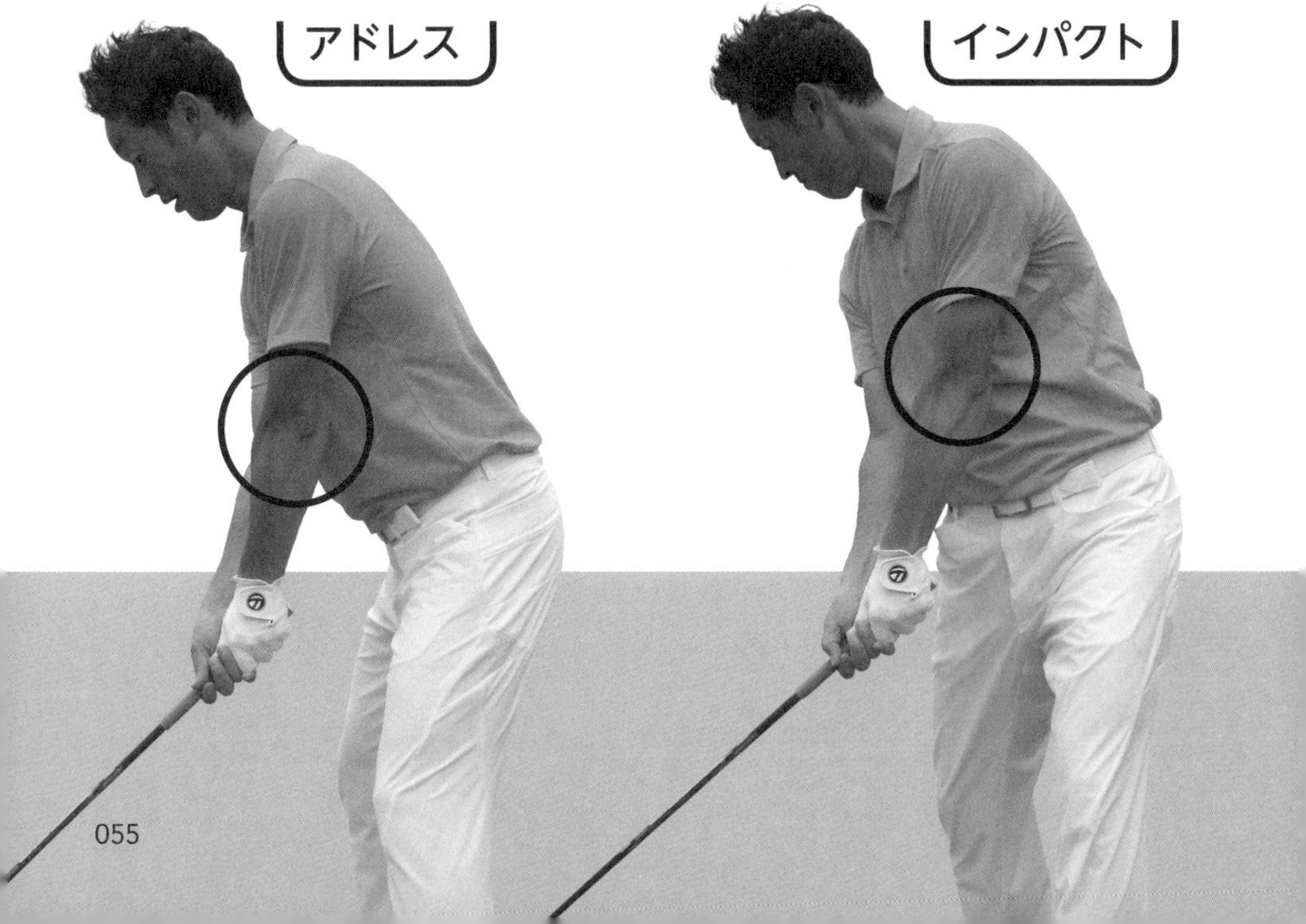

前傾角度について

二点吊り子で構えると前傾は二次的要素になる

やっていただくとわかりますが、右にチルトすると体を前に倒すことなく、斜めのクラブを斜めに持つことができます。

アマチュアの方のほとんどは、アドレスする際に前傾の仕方や前傾角度にかなりの注意を払っていますが、**そもそもアドレスは前傾あってのものではありません。**クラブが短くなるほど、アドレスではヒザを曲げて重心を落とさなければなりませんし、手の位置も下げなければいけません。前傾するのはそれを行った結果であって、前傾ありきではないのです。

ゴルファーなら誰でも感じることですが、**軸は垂直に近いほうが回転運動はしやすいですから、前傾は少ないほうがいいに決まっています。**

Keep Left Theory

上体の前傾は構えた結果できるもの

クラブを左に置いて右にチルトすると自然と前傾する

Check

構えるときは重心を落とし、手の位置を下げる。前傾はその結果。前傾ありきでアドレスしないこと振り子スイングのイメージをもって前傾ありきで構えると、軸となる背骨は前に倒れます。これに対し、二点吊り子でクラブを持ってチルトを入れると、軸はおもにヨコに倒れます。

二点吊り子で構えるにしろ、二重振り子で構えるにしろ、クラブは斜めの棒ですから、軸との間に生じるギャップをどうするかという問題は生じますが、振り子の場合は前傾軸に対して直角に肩を回す、とかいうことになる。そこにもうひとつの振り子が絡んできたら、もう何が何だかわかりません。

もちろんキープレフトでも軸に対する回転により近づけることは重要ですが、二点吊り子の場合、前傾は二次的要素。**チルトするだけで背骨の軸に対してクラブが直角になりますから、そのまま斜めの棒を斜めに振れば、軸に対して肩のラインが90度に保たれます。**

その理由はチルトが入って四角形が平行四辺形になったから。右側屈のぶんだけバックスイングで回転していったときに左肩が少し上、右肩が下になるだけ。さらにインパクトでは向きが変わるので左手が上になり、右手が下になる。そもそもが前傾軸に対してピボットターンする＝体を捻って飛ばそうという発想ではないのです。

YES

斜めのクラブを斜めに持つには右へのチルトが不可欠。
二点吊り子でクラブをヨコに持つとこの構えになる

NO

振り子のイメージで構えるとクラブが体の正面にきて
斜めの棒を斜めに振る体勢にならない

右ヒザの重要性

後方から見たときの前傾角とヒザの屈曲角をイコールにする

キープレフトでスイングする前提でバランスよく立とうとすると、誰もが重心を落とします。どうやって重心を落とすかといえば右ヒザを曲げる。これでアドレスが安定するわけですが、同時に腕と肩とクラブでできる平行四辺形を保つこともできます。

右手を左手に近づけているので台形ですが理論上は平行四辺形。せっかく右ヒザを曲げてバランスをとっても、バックスイングで右ヒザが伸びるとリバースピボットという症状が発生して、平行四辺形が崩れてしまいます。これではチルトして平行四辺形を保ち、体とクラブの関係をヨコにしたことが台無しになる。それゆえスイング中の右ヒザはとても重要です。

結論からいうと、**もっともバランスがとれる右ヒザの屈曲角度は、後方から見た上体の前傾角と内角がイコールになったところです。**

Keep Left Theory

なるべく 直立時の重心位置を 変えない

Check

なるべく直立しているときの重心位置は変えたくない。その前提で前傾がなされると、結果的に前傾角とヒザの屈曲角はイコールになる。この角度は身長、胴体と足の長さの比率、体に対する頭の大きさ、ライなどの外的要素によって変わる

右脚が斜めになるように右ヒザを曲げる

アドレスで右ヒザを曲げて右脚を斜めにしておくと、体の左サイドにクラブをキープしたまま二点吊り子で動ける

スイングは前傾を要する動作で、はじめから終わりまでバランスを保たなければなりません。前傾したときの重心位置は、していないときの重心位置より前に出ます。これだと前に倒れるので相対的にお尻が後ろに出る。これはバランスがとれていない状態です。

バランスをとるには直立しているときの重心位置を変えずに前傾をとりたい。その位置が前傾角とヒザの屈曲角がイコールになったところなのです。この角度は身長や胴体と足の長さの比率、体に対する頭の大きさ、ライなどの外的要素によっても変わりますが、内角がイコールであることは変わりません。スマホなどで後方からのアドレスを撮影し、分度器を当ててみるとよくわかる。バランスがとれていると誰もがそうなっています。

NO

右ヒザが伸びるとバックスイングでリバースピボットになり、平行四辺形が崩れる

右ヒザと上腕体側

右上腕部が体側にあると バックスイングで右ヒザが伸びない

右上腕部が体側から離れると、バックスイングで右ヒザが伸びる。これはフォロー側でも同様。左上腕が体側にないと左ヒザが伸びる

アドレス時に作った右ヒザの角度をキープする方法があります。右上腕部を体側におくことです。アマチュアの方の多く、特に振り子のイメージで振っている方は、アドレスで手が前に出て右の上腕部が体側から離れています。実はこの状態で体を右に回すと、バックスイングで右ヒザが伸びるようにできています。

たとえば、歩くときに右足が前に

Keep Left Theory

上腕部を体側に近づけてアドレス

バックスイング

YES

フォロー

アドレスで右上腕部を体側に近づけておけばバックスイングで右ヒザが伸びない。フォロー側では左上腕部と体側で同様のことがいえる

出ると右手は後ろにあります。これと同じで、前に出た右上腕部を後方に引く動作は、右足を前に出す動作を誘発します。つまり、体の正面にクラブを置き、三角形を意識してバックスイングで右に体をひねると、右サイドが全部回ってヒザが伸びるわけです。

右ヒザが伸びると腰も引けてリバースピボットになりやすい。要は回転運動が阻害されるので、**右上腕は体側に近いところにあるべき。**この意味からすれば「ワキをしめる」というアドバイスは有効ですが、暴れるクラブを抑えるためにやるのであれば意味がありません。

左右の体重配分

左右の体重配分は5：5
左足体重はありえない

アドレス時、左右の体重配分は5：5です。チルトが入ると若干右足にウエイトがかかってきますが、右足体重まではいきません。**自分で感じる体重配分はあくまで5：5。**というのも、チルトは体重配分とは無関係に行われるものだから。**上半身だけ右に倒せばいい**のです。

もちろん左足体重はありえません。ボールがつかまらないという理由で、左足体重で打つ方がいらっしゃいますがキープレフトではアウト。上から打ち込みたくなるだけです。

また、地面反力などを使う場合に左足体重を推奨するケースもあるようですが、これもキープレフトでは言語道断。なぜかといえば、一旦左に乗ってから得る地面反力は、振り子運動の落下の助けになるものだから。良きにつけ悪しきにつけキャスティングの助けにはなりますが、回転運動の助けにはなりません。

Keep Left Theory

チルトしても右足体重にはしない

体重配分は５：５。チルトは上半身だけ右に倒すもの。体重配分とは無関係に行われる

前後の重心位置

厳密にはカカト重心だが意図的にそうする必要はなし

前後の重心位置については基本真ん中でOKですが、厳密な話をするとカカトになります。前傾している人間にとって一番バランスがとれるのは、前傾軸方向に圧力をかけられたときに耐えうる姿勢です。となると逆側への抗力が必要になる。つまり**カカト側に乗った状態**です。

簡単にいえば足首の力を抜くということ。足首は多少ながら足の甲側に曲がっています。足首に力が入る

足首の力を抜いて立つ

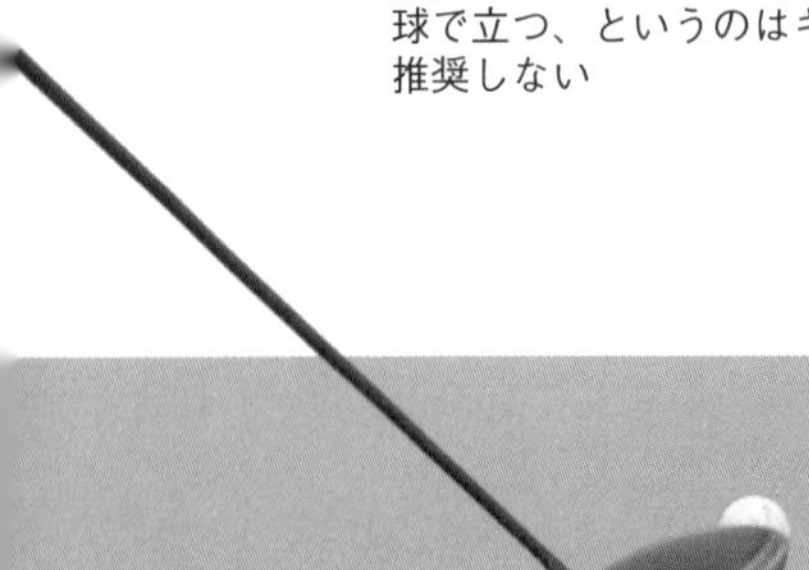

前傾軸方向の圧力に耐えうる姿勢がアドレスの理想。意図的にカカト重心にする必要はないが、地面を指でつかむ、母指球で立つ、というのはキープレフトでは推奨しない

Keep Left Theory

＝ふくらはぎに力が入るということ。足首を緩めて足を床にトンと置くとツマ先側が浮きますが、これが足首の力が抜けている状態で、カカト側に圧力がかかっています。

これはバイオメカニクス的にものすごく深い話。本が一冊書けるくらいの内容なのでこのあたりで切り上げますが、厳密にいうと重心がカカトにあるだけで、意図的にカカト重心にする必要はありません。

ただ、地面を指でつかむとか、母指球で立つ、というのはキープレフト向きではない。足首の力を抜いて自然に立つのがベストだと解釈していただければいいでしょう。

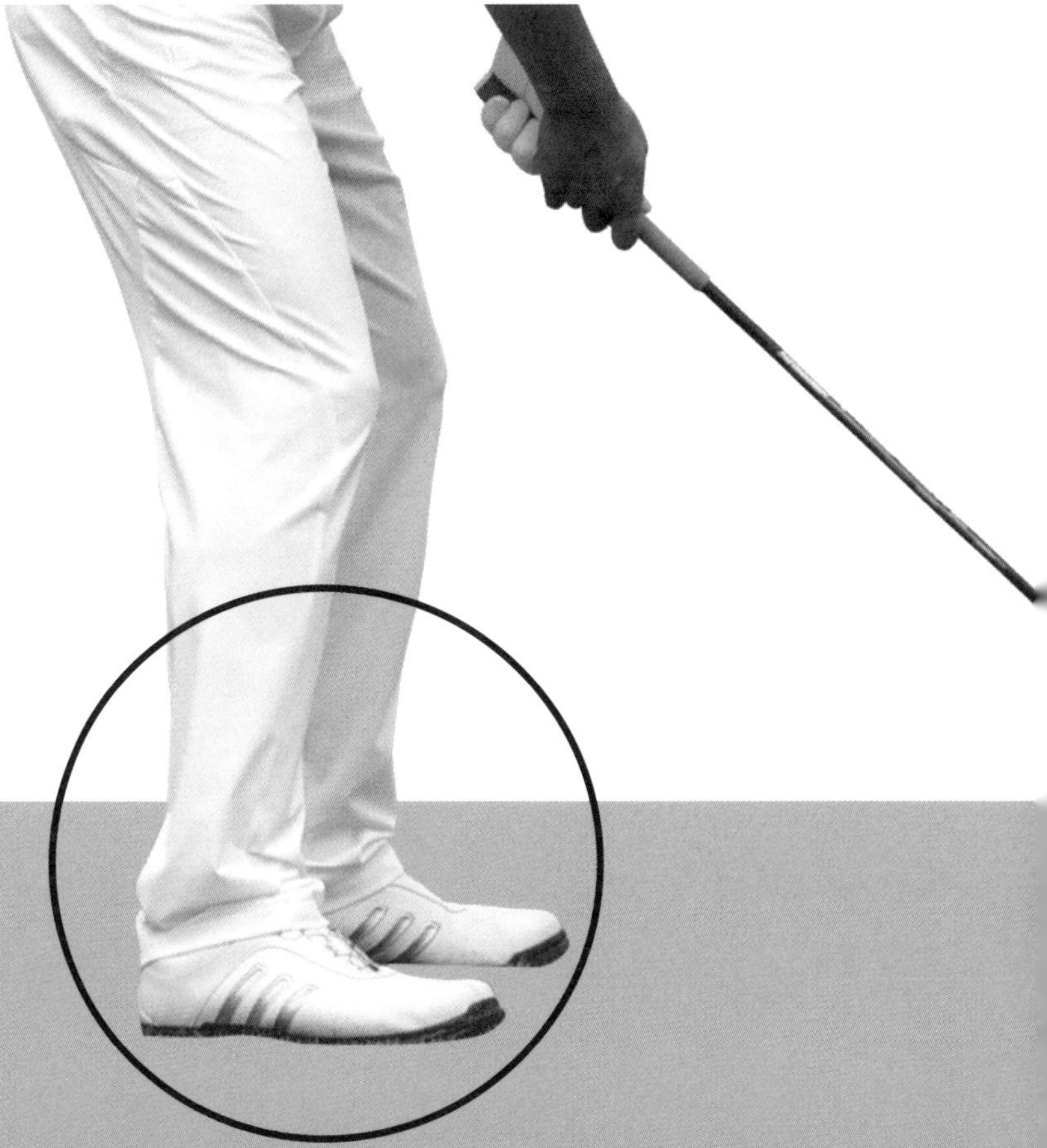

グリップについて

吊り子の四角形をイメージするにはベースボールグリップで入るのがいい

Keep Left Theory

クラブを寝かせ、両手を離して握ったらスクエア。それを下ろして、傘をたたむように右手を左手に寄せてもスクエア。四角形の概念から入るとグリップは自然とスクエアになります。

握り方に関しては、こうでなければダメ、ということはありませんが、**振り子の三角形から脱却して四角形の原理に慣れるには、ベースボールグリップから入るのがいいと思います。**現に私の教え子の女子プロは、ベースボールグリップで臨んだツアーの試合で好成績を収めました。

ただ、右手と左手の距離が離れすぎると、テコの要素が強く入ってクラブを左にもっていきにくくなる一面があります。そうなるとベースボールよりは、切り返しのタイミングで親指の支えを使えるスタイルがいいかもしれません。いろいろ考え合わせると、最終的にはオーバーラッピングが妥当と思われますが、キープレフト理論においてはさして重要な要素ではありません。

NO

ストロング（上）にもウィーク（下）にもならない

ヨコにしたクラブを持ったら誰でもスクエアになる

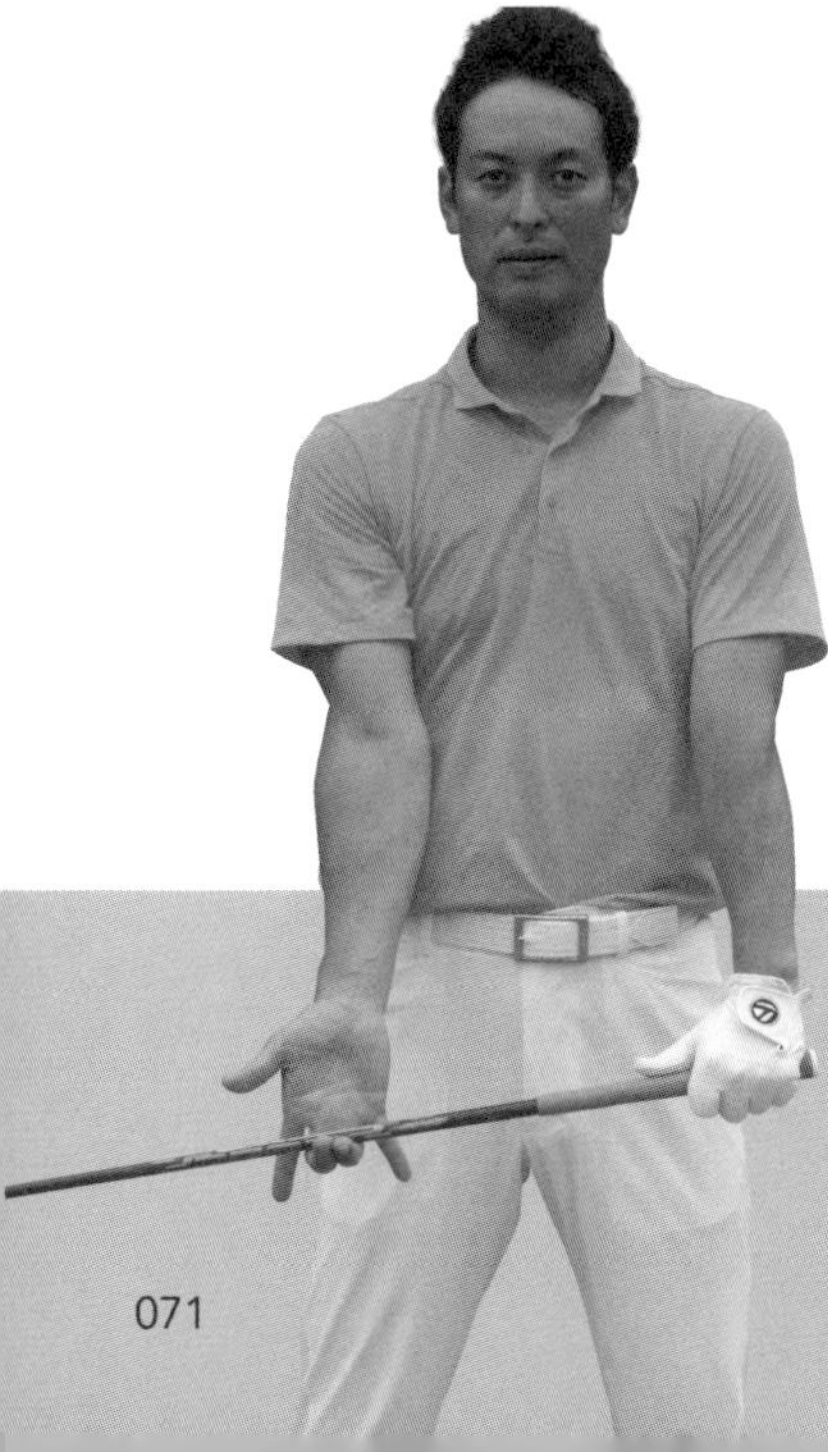

ヨコに持ってからヘッドを下ろして右手を左手に寄せれば自然とスクエアグリップになる

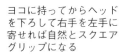

スタンス幅とボール位置

心地よく回れるスタンス幅で芝をこすったところがボール位置

Keep Left Theory

スタンス幅についても自由です。**基準があるとするなら、その場で心地よく回れるかどうか。**これをクリアできればコブシ1個分でもいいですし80センチでも構いません。人それぞれスタンス幅が変わる一番の要因は、太っているかいないかです。太っている方は体の回転半径が大きいですからスタンス幅をとって支えなければなりません。でも、小さい方がスタンスだけ広くしたら身動きがとれなくなります。

ボールの位置も気になると思いますが、ティアップして打つ以外は、基本、**芝の上で素振りをしてシュッと触れたところにボールがくるように構えます。**そうやって打球が思ったところに飛ばなければスイングが悪い。地面との接地点が正しくとれないのは、スイングに問題があるということです。アドレスがあって、キープレフトがあって、最後にボール位置がある。ボールありきでアドレスすると当てに行くスイングしかできません。

ボールありきで構えない

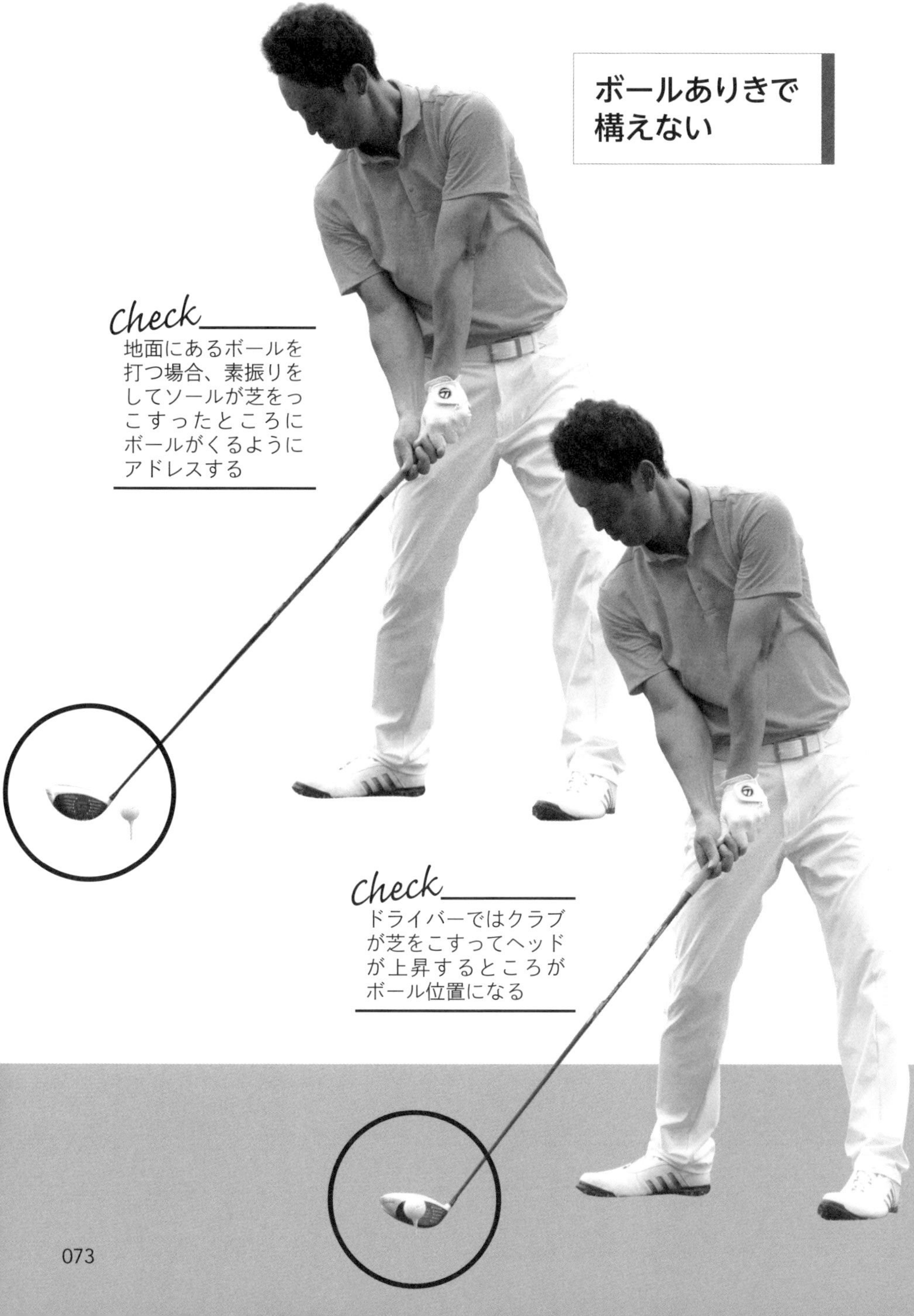

check

地面にあるボールを打つ場合、素振りをしてソールが芝をこすったところにボールがくるようにアドレスする

check

ドライバーではクラブが芝をこすってヘッドが上昇するところがボール位置になる

アドレスに対する考え方

アドレスは状況次第で変わる「こうしなきゃいけない」は苦しいだけ

Keep Left Theory

スイングの先入観に支配されているゴルファーは、「前傾をして」「手を前に出して」というところから入りますが、これだとクラブを持った途端に猫背になり、アドレスで体を回せない状態になってしまいます。まずはそこから脱却して、ニュートラルな状態になることです。

もちろん、これから運動するのにあたって、安定した構えを作る必要はあります。でも、よくいわれる、〝股関節を入れる〟という状態をアドレスで作ることに、私はちょっと懐疑的です。カチッと決まった股関節をどうやって動かすのか？　ニュートラルな状態だからこそ肝心なところで入るし、動かせるのだと思います。

スキーでいえば、ニュートラルは緩斜面で直滑降している状態。果敢にコブを攻めるモーグルもニュートラル。股関節が入っていたらコブに飛ばされるでしょう。姿勢はある程度とりますが、固めてはいけない。骨盤を前傾させてヒザを曲げて、という手順でやると固まります。

もちろん、うまく構えられない方には、シャフトを股関節に当ててお尻を引いて、といったやり方は有効でしょう。アマチュアの方の傾向からすれば、ビギナーの方は少し固めて、固まってしまっている方はもうちょっと適当に、という感じでフレキシブルに対応する感じです。

その場でジャンプして着地した体勢はいいと思いますが、**構えは基本、状況次第で変わるという考え方をするべき。**何につけ、「こうしなきゃいけない」はゴルファーを苦しめるだけですから、適度に安定する、回りやすい、といったあたりでいい。特に足は回転を阻害しなければ自由でいいと思います。

これらを前提に、まずクラブを持たないで体を回してみましょう。クラブがなくなると、自分が本当に動きやすい体勢がどのようなものかがわかります。クラブを持つなら片手ずつで持ってみましょう。左手で持ち、腕を伸ばして体を回せば勝手にオンプレーンになります。右手1本で持つなら、上腕を体側につけるのと、右ワキが空いたのではどちらがバックスイングで体を回しやすいかがわかります。左手、右手、動きやすいほうに合わせてアドレスするのもありだと思います。

アドレス完成までの流れ

腕、肩、クラブで作った四角形をチルトで平行四辺形にする

1 体とクラブは平行にして左ヒジを左に向ける

真っすぐ立ったら両手の間隔を空けてクラブを持ち、体の前に垂らして、肩、両腕、クラブで四角形を作る。ここで必ず左ヒジを左に向ける。体重配分は左右均等

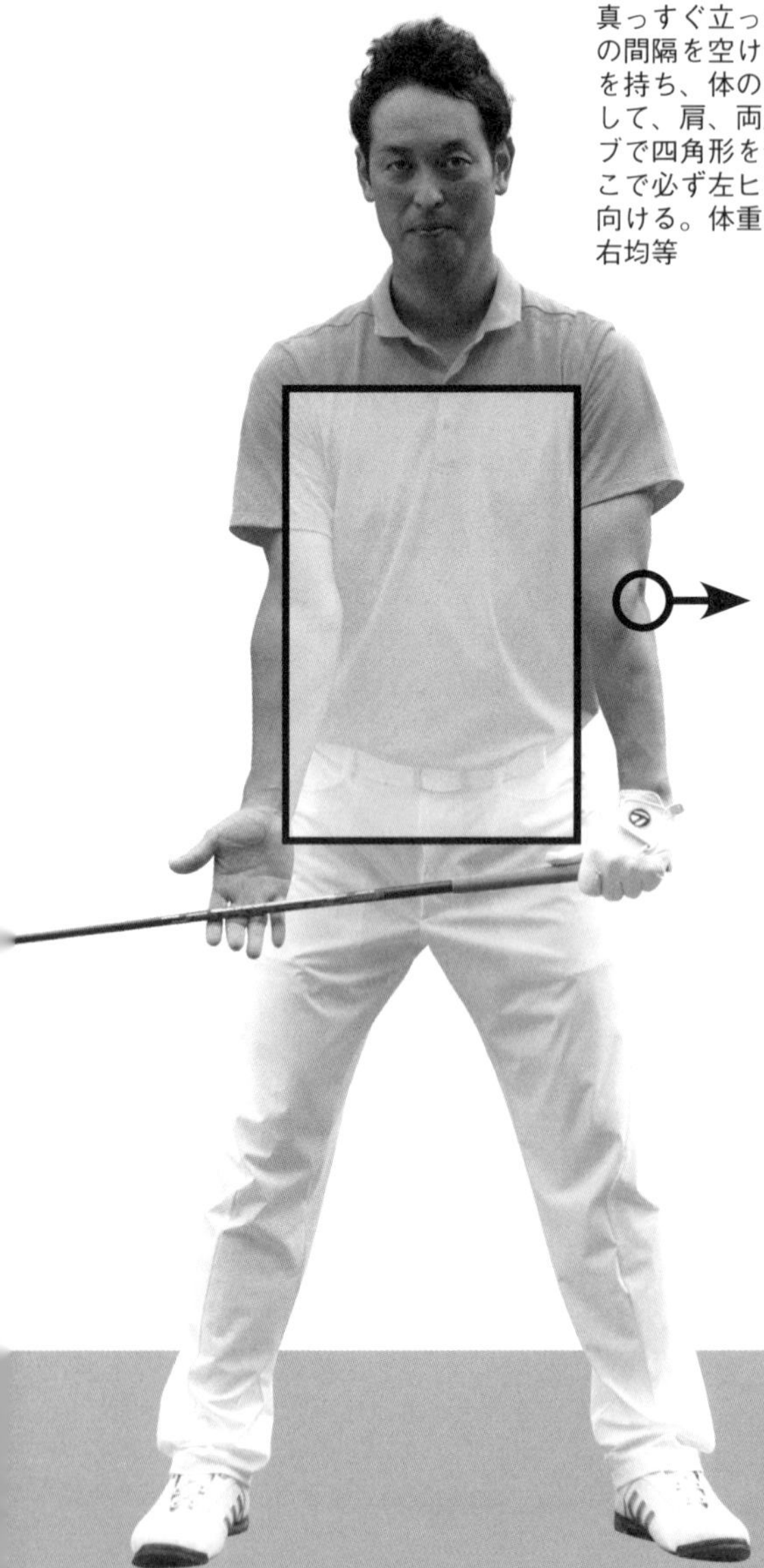

Keep Left Theory

2 軸を右に傾けて（チルト）四角形を平行四辺形にする

上半身だけを右にチルトする。上体は右に傾いて右足は地面に対して斜めになるが、体重は右に乗ることなく左右均等のまま。当然ながらボールを右から見る形になる

3 傘をすぼめる要領で右手を左手に寄せていく

２の状態ではヘッドが地面に届かないので、右手を緩め、傘をすぼめるときの要領で左手に近づける。こうすると自然にヘッドが地面側に動いてソールできる

アドレス完成までの流れ

チルトを入れたら右手を左手に近づける

Keep Left Theory

4 右手をグリップしてアドレス完成

左手に近づけた右手が所定の位置にきたらグリップしてアドレスは完成

グリップエンドの延長線が体の左サイドにきていることをチェック。その体勢から素振りをし、クラブが芝をこすったのを確認してアイアンはその位置に、ドライバーはそこよりやや左にティアップしたボールがくるように構える

アドレスの入り方

クラブのライ角をイメージし右肩を下げながらアドレスに入る

スイングは斜めのクラブを斜めに振る運動ですから、セットアップの段階からそれを意識したい。そこでおすすめしたいのが、**クラブのライ角をイメージしてアドレスに入ることです。**

アドレスに入るまでのルーティンは各々のやり方でＯＫですが、**入る前のどこかのタイミングで必ず、頭の中に斜めに置かれたクラブの画像を映し出してほしい**のです。それをつかみに行くと、右肩を下げて、体を傾けながらアドレスに入ることができます。

プロのアドレスの入り方を見るとわかりますが、多くの人がボールの後方から体を右に傾けながらセットアップしています。アマチュアの方はもっぱら、ボールの後方から目標確認したあと、ボールの正面に回って体を前傾させます。これですとクラブのライ角が念頭にない、前傾ありきのアドレスになってしまいます。

Keep Left Theory

頭の中で斜めに置かれたクラブをイメージ

ボールの後方で目標確認したら斜めにセットされたクラブをイメージ

イメージしたクラブに向かって体を右に傾けながらアドレスに入る

column

ゴルフに必要なクローズドスキルとは？

ゴルフに限らずスポーツにミスはつきもの。では、なぜミスが起こるのでしょうか？　おもな原因は、基本的な動作ができていないこと。プロはできているからミスしない。筋力や柔軟性、持久力といった要素は２次的なもので、スイングのエラー動作にはほぼ関与していません。

基本動作を身につけるには、メソッドの前に練習のやり方が重要です。

スポーツのスキルには、クローズドスキルとオープンスキルの２種類があります。クローズドスキルとは、ゴルフ、弓道、ダーツ、ボウリングなど他者に邪魔されないで行う競技で、オープンスキルとは、サッカー、野球、卓球、テニスなど対戦相手がいる競技で必要なスキルです。前者では再現性の高い動き、後者では体の反射といったものが求められます。

クローズドスキルに欠かせないのは基礎の反復練習。できてもできなくても同じことを繰り返すことです。うまくいかないからと、あれこれアレンジをはじめて打球が右へ左へ。これはオープンスキルの訓練なので練習とラウンドが結びつきません。ゴルフは運動神経が形を凌駕しないスポーツなのです。

スイングはクローズドスキル。基礎の反復が必要

PART 4

フェースを開いてフル回転
～キープレフト理論によるスイング習得のポイント～

ここではキープレフト理論に基づいたスイングを身につけるためのポイントを、始動からフィニッシュまで順を追って紹介していく

始動～バックスイングのポイント

フォワードプレスでクラブをヨコにしバランスポイントを意識して右を向く

キープレフトでは、グリップエンド側の延長線がスイング中体の左サイドにあります。この形に導いてくれるのがフォワードプレス。始動前に手元を目標方向に押す動作です。フォワードプレスをすると左手甲が正面を向いてフェースが開きます。

これができたらテークバック。クラブのバランスポイント（指

テークバック
Check
胸部を右に回す
Check
クラブのバランスポイント（クラブを指の上に置いたときに左右どちらにも傾かず、バランスがとれるところ）を意識。テークバックではここが真っすぐ右に動く
Check
フェースは開いたまま

Keep Left Theory

の上に置いたクラブが左右均衡を保てる点）を真っすぐ右に動かす意識で体を右に回転させバックスイングに移ります。

この**タイミングで回すのは胸郭。胸部を覆う骨全体を右に向けます。**その際、ヒザを我慢するとか、腰を回しすぎてはいけない、といったことは一切ありません。ただ右を向けばいい。体に対してクラブがヨコになっていますから誰でもできます。気をつけるとすれば、**左肩が下がらないようにすること。左肩は右に水平移動します。**

フォワードプレス

始動前に手元を目標方向に押す

二点吊り子のイメージでアドレス

Check
クラブが体の左サイドにキープされる

Check
フォワードプレスによって左手の甲が正面方向を向いてフェースが開く

体に対してクラブをヨコに持ってバックスイングできると、右上腕が体側について外旋（右に回る）した状態になり、右の肩甲骨が後ろに引けます。**肩甲骨が引けると猫背になりませんから、軸が決まってスムーズに回転できます。**

また、右上腕を体側においてバックスイングすると、体の構造上、右ヒザが伸びません（64ページ参照）。ヒザを我慢する必要がないと述べたのはそのため。さらに、左腕を伸ばしたまま回ることもできます。

いい方を変えれば、バックス

右上腕は体側につける

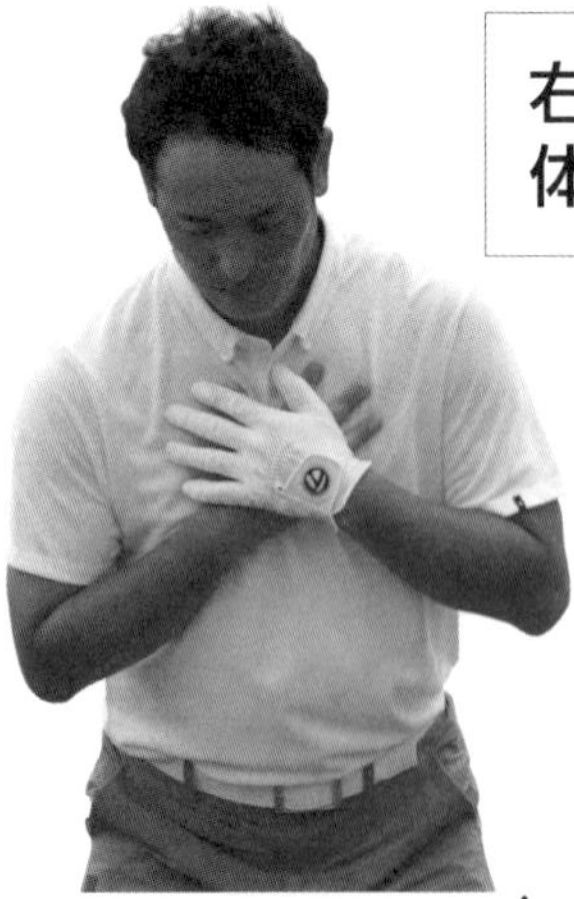

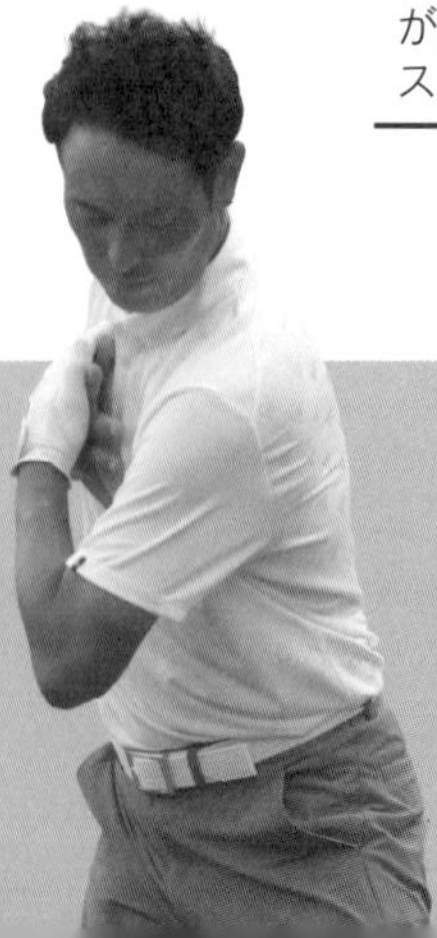

Check
背すじが伸びると軸が決まって、胸郭がスムーズに右に回る

バックスイング

Check
右上腕を体側につけてバックスイングすると、右の肩甲骨が後ろに引けて背すじが伸びる

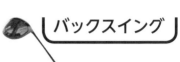

イング中は右ヒジを内側に絞らないこと。絞った状態で右上腕が外旋を始めると右肩甲骨が下がり、クラブの角度を保てません。よくわからない方は、クラブを持たずに右上腕を体側につけて体を回し、次に手を前に出して回して、どちらが回転しやすいか確認してください。

いわずもがなですが、クラブをヨコに持って右に回るだけですから、左手のコックはありません。いわゆるノーコックが基本。手首の角度がほどけて、内角が大きくなっていくくらいでも問題ありません。

左肩が水平移動

Check
バックスイングで胸郭を右に向けると左肩が右に水平移動する

左手はノーコック。内角は多少大きくなってもOK

トップのポイント

クラブの慣性モーメントに連れて行ってもらうトップを目指す

トップは意図的に作るものでなく自然にできるものですが、キープレフトのトップは比較的フラットになります。前頁でお話しした要領でバックスイングできるようになると、**究極的にはクラブの慣性モーメントが働き、クラブに連れて行ってもらう感じでトップに向かえるようになります**（108ページに関連事項）。

そうなると動くのはハーフウェイバックくらいまででいい。もちろん、この感じがわかるようになるには練習が必要ですが、ぜひ目指していただきたいと思います。参考までに記しておくと、この動きができるとトップで左ヒジが曲がらなくなります。

「4フィートの法則」も正しいトップの指標になります。まず、トップのポジションを後方から見て、両肩を結ぶラインを引き、それを地面まで延長します。ラインが地面と接した点から4フィート（約122センチ）以内にボールがないと、いいショットになりません。

Keep Left Theory

トップまでは オートマチックが 理想

Check

トップに連れて行ってもらう感覚になると、左ヒジが曲がらない

Check

トップの目安は、肩のラインが地面と接した点から4フィート（約122センチ）以内にボールがあること

ダウンスイング〜インパクトのポイント

地面に丸を描くように動き右サイドにヘッドを着地させるイメージ

ダウンスイングについて、「腰から回すの？」「肩は開いちゃいけないの？」とよく聞かれますが、キープレフトでは意識しなくてOK。全部を一緒に回して構いません。

理由は、腰幅と肩幅が違うから。幅が違うということは、回転半径が違うということ。**一緒に回しても、必ず回転半径の短い骨盤が先に回り、肩は後からくるようになっているの**で気にしなくていいのです。

肩を開かないように回ると、回転が止まって振り子運動に。胸郭も起きる

Keep Left Theory

腰を先に回すとスピンアウト（体が開く）します。体幹の捻転が生まれて回転速度が上がるという一面はありますが、スピンアウトのリスクを犯すくらいなら意識しないほうがいい。

また、肩を開かないイメージは回転を止めることになり、振り子運動を誘発します。**二点吊り子からの回転では、体とクラブの関係がヨコで四角形ですから体は開いても構いません。**

シャフトを立てる、ともいわれますが、これも二重振り子に限ったこと。キープレフトではシャフトは寝

腰から上を一気に左へ回す

腰幅と肩幅では回転半径が違う。両方を一緒に回しても、骨盤が先に回り肩はあとから回る

てもいい、むしろ寝かせたほうがいいくらい。二点吊り子には支点がないですから、シャフトが寝てそのまま回っても元の位置に戻ります。ただし、回転運動との共存が条件。長い棒の真ん中あたりを持って体の左サイドに保って動く練習をすれば習得できます。

イメージとしては、手は返さず平行四辺形を保ち、地面に丸を描くように動きながら、体の右サイドにヘッドを着地させる。**右足を使って回転する感じがあるとクラブがインサイドから入り、斜めを保ったまま動けるので、右股関節の位置をインパクトまで変えないようにして右肩を速く回しましょう。**これで打球が右に曲がったら回転不足です。

絶対に避けるべきなのは、胸郭が起きながら回転すること。起きた時点でクラブの左回転は勢いを失います。これを防ぐには、バックスイングで左肩を右に水平移動（レベルバック）し、ダウンスイングで胸郭を下に向ける（チェストダウン）ことが重要です。

インパクト時もグリップエンド側のクラブの延長線は左サイド。体の回転でフォワードプレスの位置に戻ります。振り遅れて右に飛びそうですが、クラブをヨコにしたままではスイングが完成しませんから、右手と左手が交差してスクエアになります。これは人体機能上の動きで、クラブが左サイドにあれば必ずこうなる。回転し続ければボールがつかまってドローが打てます。

右肩を前に出す

平行四辺形を保つイメージで地面に丸を描くように動くと、右肩が前に出るのでインサイドからヘッドが下りる

YES

NO

タメを意識して右ヒジを絞ると振り子運動のインパクトに。
胸郭も起きて左への回転が失速する

ダウンスイング〜インパクトのポイント

右股関節を動かさずに足踏みする感じでダウンスイング

ダウンスイングは右サイドを軸に回るため、右足が大事になります。右上腕を体側につけて回れれば右ヒザは伸びず斜めのまま。これによってクラブを斜めに下ろせます。

それとともに右股関節にも注意を払っていただければベストです。早い話が、右股関節を動かさずに体を回すこと。左サイドへの体重移動を考えるとでき

インパクトまで右股関節の位置をキープ

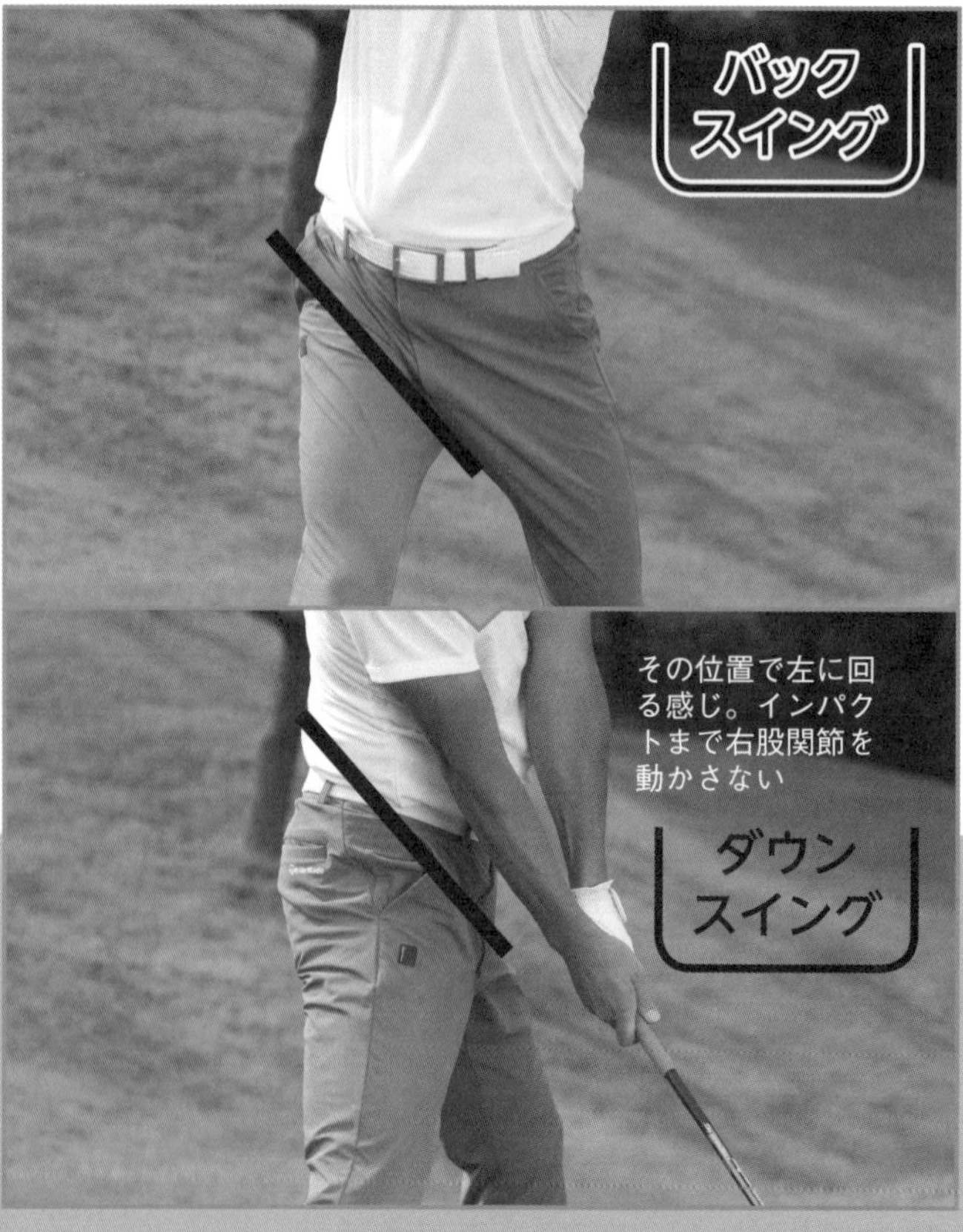

バック
スイング
その位置で左に回る感じ。インパクトまで右股関節を動かさない
ダウン
スイング

Keep Left Theory

ませんから、その位置で左に回る感じでＯＫです。

回転運動で回すのは胸郭。胸郭を回すには骨盤を回さなければならず、骨盤を回すにはフットワークが必要ですが、キープレフトにおける回転とは向きを入れ替えることですから足踏み程度で十分です。

ただ、ツマ先側に体重が乗っているとこれが難しくなります。体をドアにたとえるなら、右足のカカト内側を起点に体を開閉するイメージをもっていただくといいでしょう。

足踏みする感じで体の向きを入れ替える

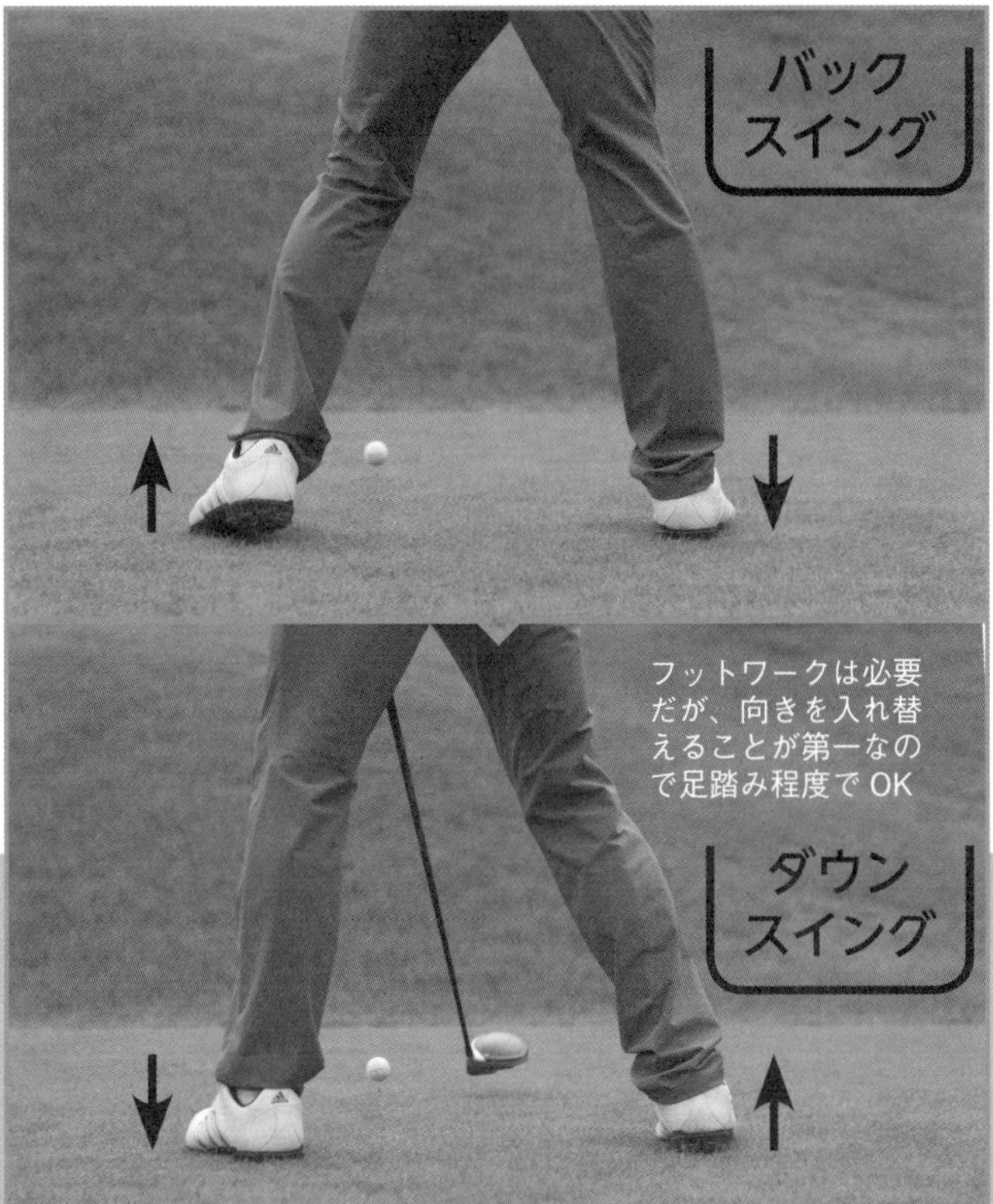

ダウンスイングのポイント

ヘッドの重心が右後ろにあるのを感じて振れるのが究極

ここでひとつ、理想的なダウンスイングを感じていただける方法を紹介しましょう。使用クラブはドライバー。まず平行四辺形を作っていただき、シャフトが地面と平行になるところまでクラブを上げてクラブヘッドを感じてください。ヘッドの重心が右後ろ側にあるのがわかると思います。ドライバーですから右後ろにヘッドが垂れる感じもあるはずです。

ダウンスイングでは、この重さを感じて動くことが大事です。なぜかといえば、筋肉を効果的に使えるからです（108ページ参照）。メカニズムの詳細は参照ページを見ていただくとして、ここでは、フェースが開かれようとするのに伴って、筋肉がシャフトの寝かされる方向に重さを感じるのが正解ということを覚えておいてください。

こうなっていれば、ちょっと腰を切るだけで飛ばせそうな雰囲気になります。逆に自分でクラブを戻すと、すぐに力が消えてしまいます。これはクラブの重心がわずかながら前にくるから。それだけでヘッドスピードはガタ落ちになります。

Keep Left Theory

シャフトが地面と平行になったところでクラブヘッドの重心が右後ろ側にあるのを感じとる

ダウンでヘッドの重さを感じる

ドライバーではヘッドが右後ろに垂れる感じもある。これを感じることがダウンスイングの究極

可変式のドライバーでウエイトをヒール側に移動すると重さを感じやすい

スイングの締めくくり

フィニッシュでは右足に体重が残ってもいい

キープレフトのフィニッシュについては定義が薄いという話をしましたが、ひとつだけいえることがあります。それは**どちらかというと右足体重で終わることです。**なぜかといえば、左腰を後ろに切ったときに右足体重＝右足軸になるのは、人間の機能に根ざしたものだから。40ページでも触れましたが、左足体重になるのは、あとから放出された下半身が前に行った結果です。

Check

インパクトからフォローでエネルギーが放出されて下半身が前に行くと、結果的に左足に体重が乗る。キープレフトは回り続けるスイングなので右に体重が残る感じに

Keep Left Theory

両手で抱えるくらい大きなボールを投げるイメージで動いてみてください。バックスイングでは腰を切りますが、ボールを投げるときでもまだ右足体重のはずです。つまり、軸は右にあるということ。左足に乗るのは投げたあと、上半身のエネルギーが放出されてからです。

バックスイングのタイミングでさえ体重はちょっと左に乗ります。左に乗って右に乗って、左に腰を切ると右体重のままターンして最終的に左に乗るわけです。回転軸は右。左に乗ってからクラブを運んできたら結局は手打ち。回転量についてはかなりロスをしています。

キープレフトで左腰を後ろに回すと右足体重になる

Check

大きくて重いボールを投げるときは右足体重。それと同じで、軸を右に置いて回転するのが正解

スイングの習得手順

スイングプレーンが水平になるポジションからはじめる

このパートではスイングの流れに従って習得ポイントを紹介してきましたが、**スイングの習得は、地面にあるボールを打つことからはじめない**のがコツ。難しくて、みんなムキになるからです。おすすめなのは、ツマ先上がりのように、**スイングプレーンが水平になるポジションから振りはじめること。**以下のステップでトライ&エラーを繰り返してください。

ファーストステップは、前傾はせずに真っすぐに立ちます。そして両腕の上腕部を体側につけてヒジを曲げ、前腕とクラブが一直線になるようにセットします。この体勢で体を左右にターンさせます。

ヒザは回っても構いませんので、クラブの重さや慣性、フェースが開こうとする動きを感じとるつもり（アイアンのほうが感じやすい）で動いてください。

Keep Left Theory

1st Step

前腕とクラブを
ほぼ一直線にする

Check
クラブの重さや
慣性、フェース
が開こうとする
動きを感じとる

2nd Step

ヘッドを上げて
ライ角を合わせる

Check
切り返しでクラブが
右側に倒れる力を感
じるのがポイント

セカンドステップではヘッドを上げてライ角を合わせます。正面にカベをイメージし、そこにクラブをソールする感じで構えてください。

できたらファーストステップと同様に体を左右にターンさせます。ファーストステップに続いてやると、手に感じるクラブの重さが変わるのがわかります。ここでは、切り返しでクラブが右側に倒れる力を感じられればＯＫです。

ラストステップではセカンドステップのセットアップのまま、両手の間隔を1インチほど空けます。右手は握らず、中指と薬指の第2関節の上にクラブを乗せるだけにしてください。

この体勢でこれまで同様左右にターンすると、セカンドステップのとき以上に、切り返しでクラブが右に倒れようとするのを感じます。それに伴って、右手の中指と薬指にシャフトが乗って、左上腕部が体側から離れます。でも、右上腕部は体側についたままです。

基本はこの三段階でＯＫですが、セットアップでチルトを入れてもいいでしょう。チルトが入ることで体が前傾しますから、地面にあるボールが打てます。しかし、回転運動自体は、ここまで踏んできたステップと何ら変わりません。こうすると、水平回転でボールが打てることがわかりますが、バックスイングがフラットに回っているので、ダウンスイングで胸を下に向ける（チエストダウン）ことが必要です。

Last Step

両手の間隔を 1インチほど空ける

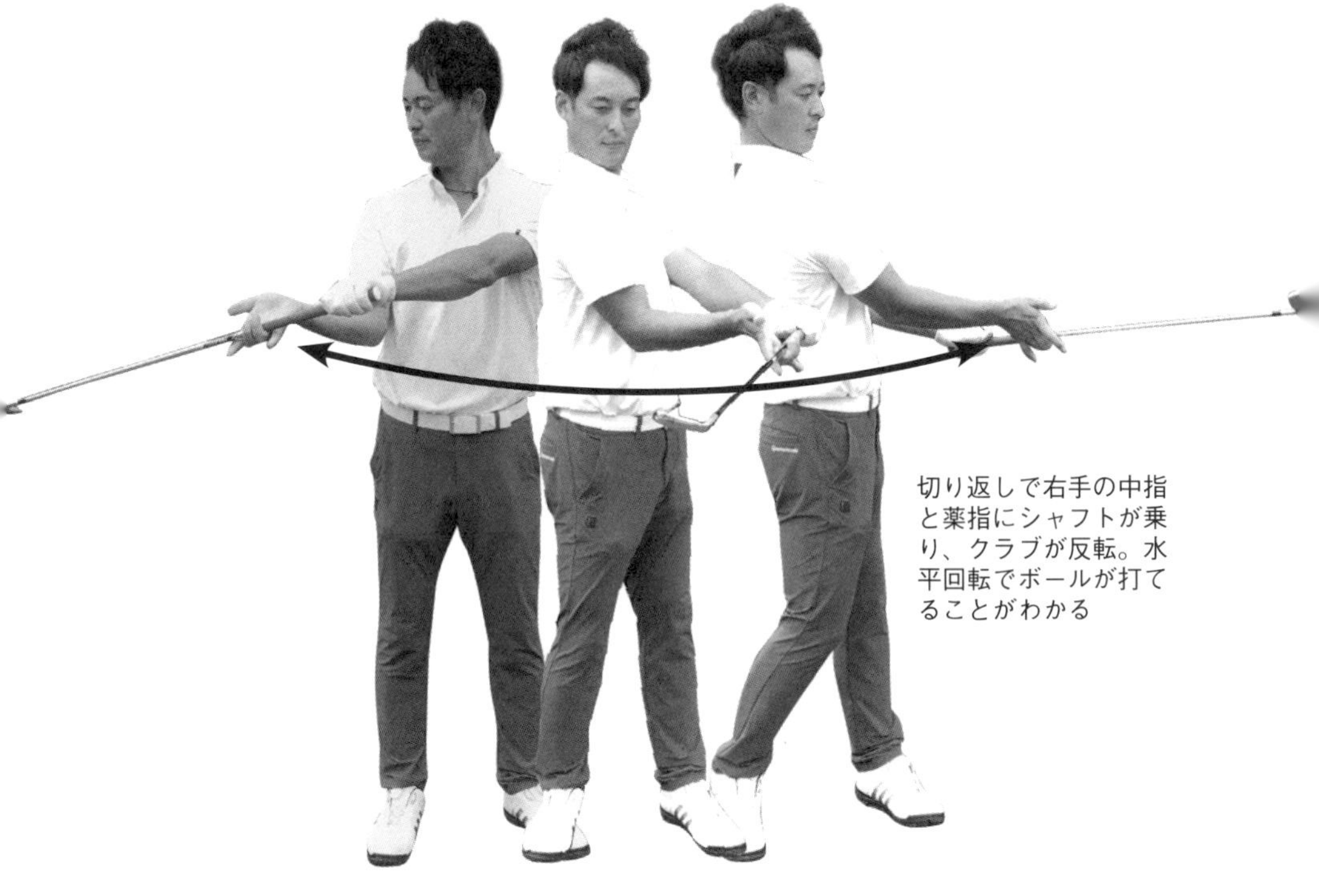

切り返しで右手の中指と薬指にシャフトが乗り、クラブが反転。水平回転でボールが打てることがわかる

クラブのバランスポイント（84 ページ参照）を水平に動かす

フラフープを持って動くとキープレフトのスイングがわかる。フォワードプレスでフラフープをくぐったら、バックスイングではオンプレーンに。ダウンスウィングで手元を体の左サイドに置いたまま体を回すとフラフープから脱出でき、輪がスクエアに戻って体の左に行く

フラフープスイングで
キープレフトを理解する

アドレスができたら、体の左サイドにクラブをキープして体を回すだけ。バックスイングでいくつかのことに気をつければ、コックもフェースターンも不要。体の回転スピードを上げてスイングすればいい

コックもフェースターンも一切不要

column

エキセントリック収縮とコンセントリック収縮

いろいろな方々のスイングを見ると、うまそうに見える人とそうでない人がいます。前者は動きに無駄がなく、後者は力んで動きがガチャガチャしています。この差が生まれる大きな理由は、筋肉の使い方にあります。

体のいろいろな部分は、筋肉が収縮することで動きますが、収縮の仕方には２通りあります。

ひとつは「エキセントリック収縮」。たとえば、ヒジが曲がった腕を押して伸ばそうとする力（外力）が働いているときに、それに負けないようにしながらも負けている。ややこしいですが、収縮しようとしている筋肉が外力によって引き伸ばされている状態です。

もうひとつは「コンセントリック収縮」。弛緩した筋肉を意図的に収縮させ、筋肉を短くしながら使うことです。

エキセントリック収縮は筋肉を強く使えて再現性が高い。うまく見える人はこれを使えています。一方、コンセントリック収縮はただ動いているだけ。スイングは道具を使う運動です。クラブの慣性モーメントを外力として使うのが理想なので、最終的にはエキセントリック収縮で動きたい。パート４で述べた「クラブがトップに運んでくれる」とはこのことです。

筋肉のエキセントリック収縮を使えるとうまそうに見える

PART 5

キープレフト理論のスイングメカニズム

～キープレフトの真髄～

キープレフト理論はスイング動作の解析に基づいたメソッド。このパートではその原理ともいえる部分に迫り、理論の理解を深める

Keep Left Theory

ゴルフクラブの使用条件

ヘッド側がグリップエンドをトゥがヒールを追い越しながら打つ

スイングメカニズムについてお話する前に、クラブについて触れておきます。クラブの使用条件は以下のふたつです。

①ヘッドがグリップエンド側を追い越しながらボールを打つ

②ヘッドのトゥがヒールを追い越しながらボールを打つ

どんなメソッドにも、これらを満たすことが求められます。

①は回転運動でクリアできます。

ヘッドがグリップエンド側を追い越しながらボールを打つ

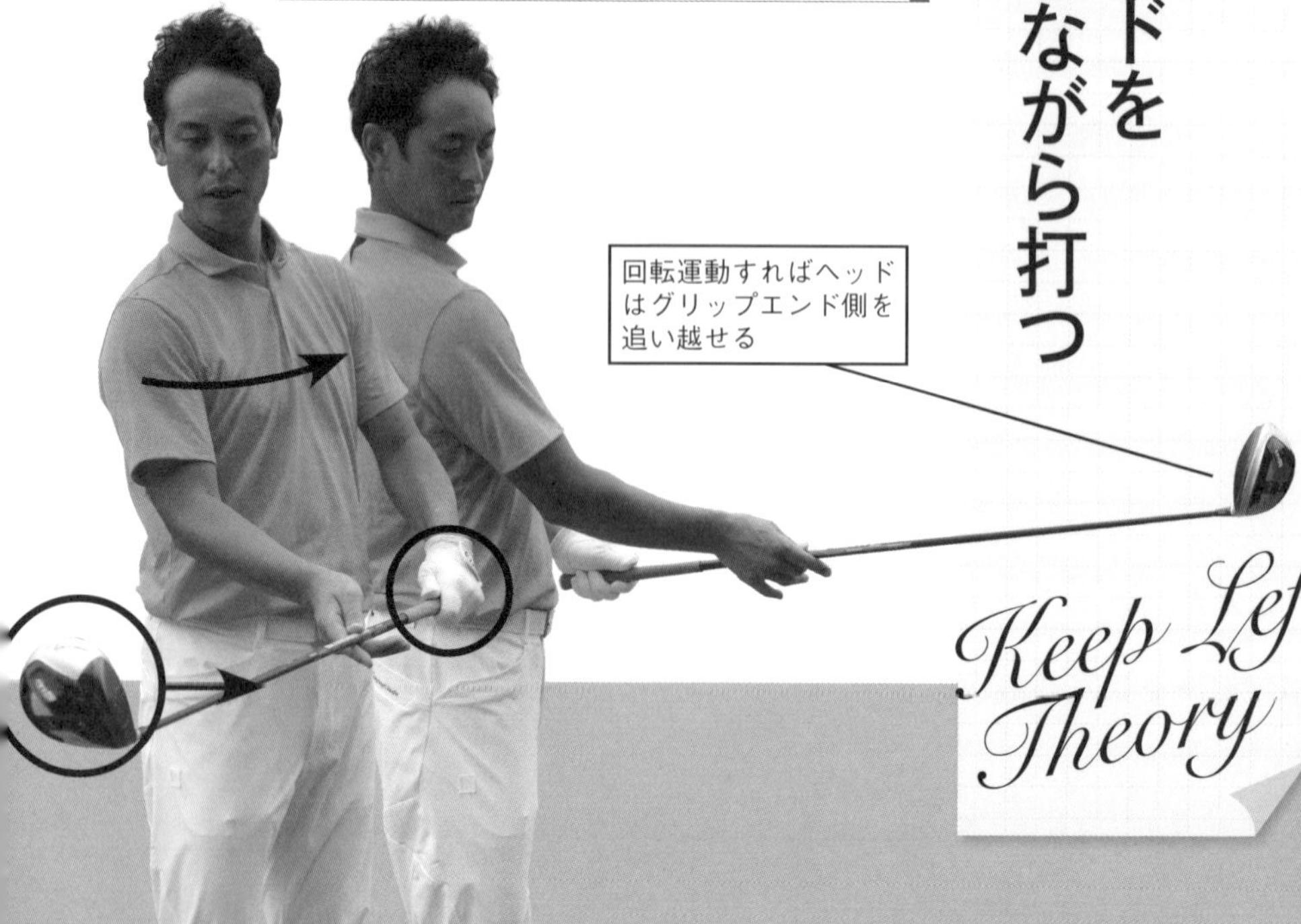

Keep Left Theory

②については軸の延長上にインパクト面がない道具の性格上、ヒットした瞬間に当たり負けますが、クラブにはその予防機能があります。

それがライ角。**ライ角が90度なら完全に当たり負けますが、斜めなのでヘッドが弧を描く。**しかもヒールが描く弧よりトゥが描く弧が大きく、トゥ側が重いぶん速度も速く慣性モーメントも大きい。ゆえに当たり負けが減少するのです。

ただし、この機能を利用するには**クラブをインサイドから下ろすのが絶対条件。**斜めのクラブを斜めに振れるキープレフトではインからしか下りないので、ヘッドをターンさせる発想は無用です。

ヘッドのトゥがヒールを追い越しながらボールを打つ

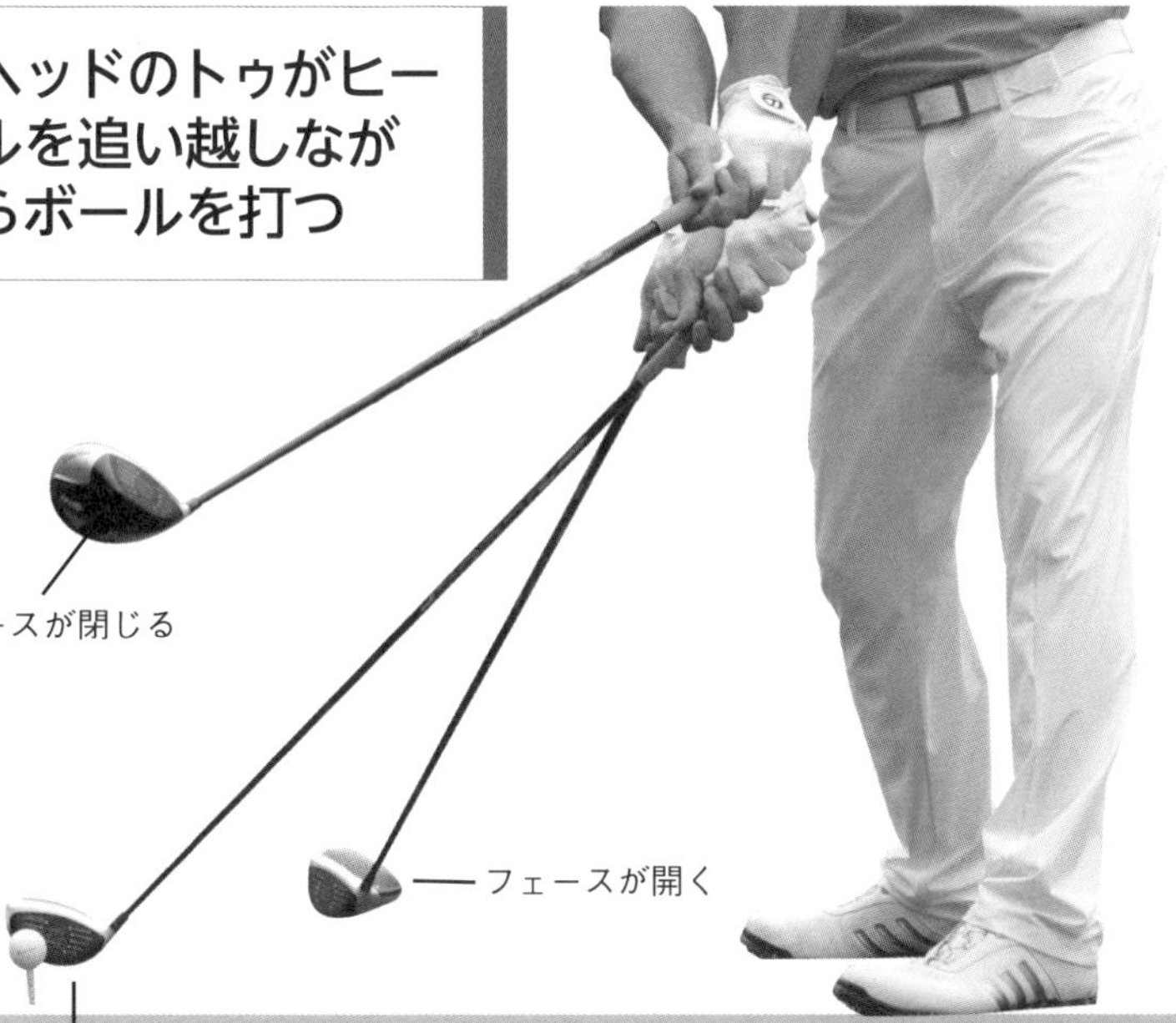

クラブがライ角通りに動けばヘッドがインサイドから下りて弧を描く。ヒールが描く弧よりトゥが描く弧が大きくなってトゥがヒールを追い越す

自分の力で飛ばすスイング

ブルックス・ケプカも、タイガーのニュースイングもキープレフト

Keep Left Theory

パート1でもお話ししましたが、世界のプロのスイングが振り子から二点吊り子になった主因は、クラブが軽くなったことです。素材が限られ、開発技術も乏しかった時代は、インパクトでハードヒットする道具の軽量化は難しかった。

かといって重くするのにも限度があります。どれだけの人が重いクラブを持って回転しきれるか？　ということになるからです。そういう意味では、位置エネルギーを利用した二重振り子のテクニックが優先されたのは必然だったといえるでしょう。

テクニックで飛ばすのか、パワーで飛ばすのか、もちろんパワーのある人がテクニックを使えれば最高ですが、ゴルフは面白いもので、力のある人が二重振り子のテクニックを使うとチーピンが発生します。腕に筋肉がついている、お相撲さんのような人がスイングすると、振り子が使

えず回転運動だけになってしまうからです。

クラブが軽く、かつ長くなったことで、振り子を使わず回転運動によってクラブの入れ替えができるようになりました。斜めの棒を斜めに使える二点吊り子運動では、ズレた位置にある左右の手を入れ替える動作が入ります。ダウンスイングからインパクトで体を反転させると上下の手が入れ替わるのです。そのため、二重振り子で必須だったテコ（ローテーション）が不要になり、フェース面の向きも変わらなくなりました。

一昔前のゴルフシーンに目を向けると、飛ばし屋と呼ばれる人の多くは、ショートゲームを苦手としていました。振り子運動はヘッドスピードを上げるには有効ですが、その必要のないショートゲーム向きではないからです。ロブショットを多用するテクニシャンはおおむね振り子タイプ。手首を柔らかく使って打つのが抜群に上手ですが、これは練習環境と練習量があっての賜物。アマチュアゴルファーのことを思うと、振り子には限界があると私はとらえています。

二点吊り子ならすべてを網羅できます。日本ゴルフ界のレジェンドである、佐藤精一《さとうせいいち》プロや故杉原輝雄《すぎはらてるお》プロはまさにキープレフト。左ヒジを抜いて二点吊り子で振っていました。**ブルックス・ケプカも、タイガー・ウッズのニュースイングもキープレフト。**そもそも、振り子の原理で

斜めの棒を斜めに使える二点吊り子運動では、回転運動でズレた位置にある左右の手を入れ替える

二重振り子では三角形を崩さないとテークバックでヘッドを真っすぐ引けないが（右）、二点振り子運動なら普通に引ける（左）

ゆっくり振ってヘッドを走らせるだけのスイングで３００ヤードも飛びません。

　クラブの位置エネルギーによって生じる慣性モーメントなどたかが知れています。自分の力で振り上げて、自分の力でボールを打たなければＰＧＡツアーの飛ばし屋のようなショットは打てません。もちろん、スイング時の回転スピードはある程度必要ですが、そこはスポーツ。頑張るところは頑張らなければいけません。

　もうひとつつけ加えると、**タ**

ダウンスイングからインパクトで体を反転。それに伴って上下の手が入れ替わる。腕のローテーシを使わないのでフェース面の向きが変わらない

イガーは「テークバックは30センチ真っすぐ引く」といいますが、これは二重振り子（三角形）のイメージで動いたのでは不可能。軸を移動しない限り真っすぐには引けません。

でも、二点振り子運動なら簡単にできます。クラブだけ動かしたらアウトサイドに動きますが、体の回転が伴うので真っすぐに引けるのです。

フェースの向きも変化しない。こうなるとバックスイングで左肩が入ります。トップまでの過程で左腕が伸びるという教えがセオリーとなっていることも理解できるはずです。

キープレフトとクラブの関係

キープレフトで振るとボールと一緒にクラブも飛ばしたくなる!?

Keep Left Theory

クラブの使用条件と並んで、すべてのスイングメソッドに必要とされるのが回転運動です。ボールにフェースをコツン！　と当てるだけならともかく、遠くに飛ばすには回転が不可欠です。

回転運動によって起こる物理的な現象として見逃せないのが、「遠心力から放たれた物体は直線を描く」という法則です。

たとえば、地球から月に衛星を飛ばす場合、最初に地球の周りをぐるぐる周回させ、そこから放つ形で月に向かわせます。野球もソフトボールも、弧を描いてからボールを放ち、放たれたボールは真っすぐ飛びます。カウボーイの投げ縄、バッティングセンターのピッチングマシンもしかりです。

これをキープレフトにあてはめてみましょう。キープレフト理論では、体の左サイドにキープしたクラブがダウンスイングからインパクトに向かいます。

キープレフトでクラブが回転し続けるためヘッドが減速しない

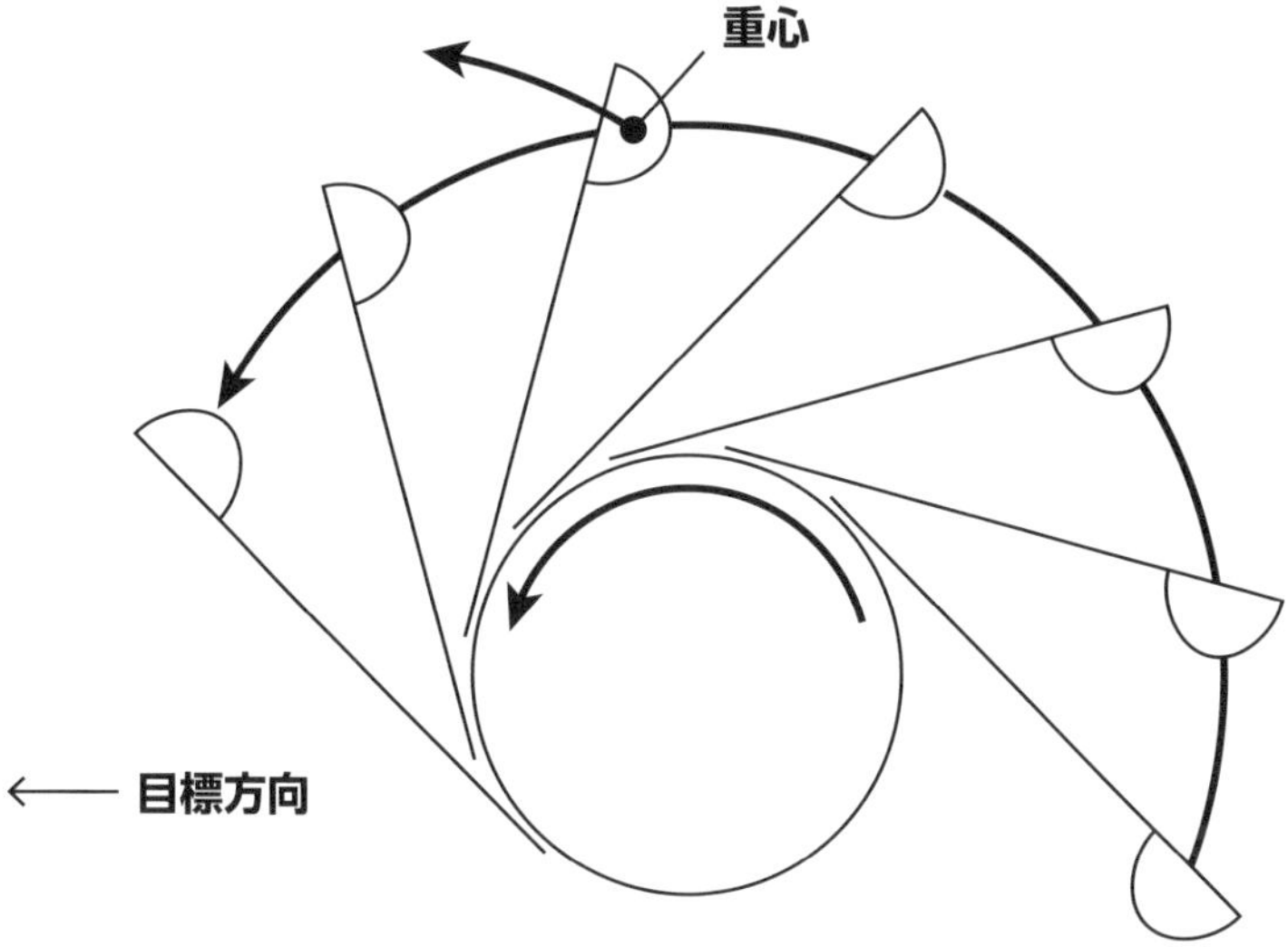

クラブが体の左サイドに置かれたまま回ると、理論上、遠心力が働き続ける。フォローからフィニッシュでは右手がボールを追いかける方向に力が働いて右手を放したくなる。また、ヘッドが減速しないのでインパクトで当たり負けしない

写真のタイミングでは右手でクラブを持ち続けていたくない。ヘッドが減速せず目標方向に引っぱられるので放したい衝動に駆られる

このとき右手は遠心力によって放たれる形になるので、ベクトルは目標方向を向きます。体操で手をブラブラさせたまま体を速く回すと手が体から離れ、もともとは右腰のヨコにあった右手が左前方に投げ出される感じになるの方向に向かうのと同じです。

キープレフトの究極は、フォローからフィニッシュで右手がボールを追いかけるように放たれ、左手がお尻のヨコにくる形です。現実的には放たれませんが、**飛ばしたいと思ったら右手は放してもいいくらい。**実際、ボールと一緒にクラブも投げたい衝動にかられます。要するに、**体の回転によって、右手と左手は違う方向に向かうということです。**

さらにいうなら、ボールを飛ばすにはヘッドを速く振れればいいわけですから、加速させて放つべきはクラブヘッド。インパクトの瞬間にボタンでも押してヘッドだけが飛んでいけばいいのですが、そうはいかないので、ヘッドが弧を描くことで生じる遠心力を利用して放った感じにする。その結果がフォローとフィニッシュです。

振り子運動ではフォローでクラブを振り抜いて終わりの感じですが、二点吊り子だとずっとそのまま。最終的にはヘッドが跳ね上がってグリップが下にある形になるので二重振り子とあまり変わらないシルエットになりますが、理論上はまったく別の動き方をしています。

だからということもありますが、フィニッシュに関してはカッチリとした定義がありません。タイガー・ウッズのスイングはすごく格好いいのに、フィニッシュはどことなくいびつに見えます。これは右手を放したいからだと私は考えています。打ったあとまで左手と一緒にクラブを持ち続けたくない。体に悪いので本当は投げ出したいのです。

こんな理由があるので、ルールに従って動くのはインパクトまで。あとは成り行きで構いません。何より大事なのは回りきることで、回転が止まるのが一番いけません。

また、遠心力によって物体が放たれる現象は、骨盤に対して胸郭、胸郭に対して肩甲骨、といった関係の下でも発生します。「下半身主導で腰が回っても肩は開いてはいけない」という話を聞いたことがあると思いますが、わざわざそんなことをしなくても、遠心力がつけばそれぞれの間に角度差が生じて順繰りに動きます。スイングではこのメカニズムさえ再現できればいい。野球のバッターがホームランを打つときは、腰は動いていますが肩は開いていません。これは別に肩が開かないように我慢しているわけではありません。骨盤がメインになって動けば、勝手に時間差ができるということ。股関節も肩甲骨も遊離関節ですから、回転さえできればこの順番に放たれるのです。

回り続けるスイング

ヘッドの最下点はゴールにあらず止めずに回り続けるのみ

Keep Left Theory

引き伸ばしたゴムひもの片側を離すとバーン！　と弾けます。二重振り子のスイングはこれと同じ原理。ダウンスイングでコックがリリースされてヘッドが加速、最下点で速度がマックスになります。

しかし、間髪空けずに減速がはじまります。最下点で運動が終わる、つまりそこがゴールになるので、ボールに対してフェースは１００％当たり負けします。だからボールを叩く発想になるわけです。

キープレフト理論では、ヘッドの最下点がゴールではありません。先端が重いクラブを持って体を左に回転させると、クラブはそこに止まろうとするため体が引き伸ばされます。これを縮めなければならない、というのがこれまでの考え方でしたが、キープレフトでは引き伸ばされたま

二点吊り子運動のインパクト

キープレフトの二点吊り子では
ヘッドの最下点がゴールにならないので当たり負けない

二重振り子運動のインパクト

振り子スイングではヘッドの最下点が運動のゴール。フェースは１００％当たり負けする

ま回ってしまう。それによってクラブは円軌道を描き、ヘッド側がグリップ側を追い越します。

また、フェースが開いていることによってヘッドの重心が軌道から放たれていきます。これにより運動のギャップが生じ、トゥ側がヒール側を追い越す作用も生まれる。これでクラブの使用条件が満たされます。何かを止めてとか、緩ませて走らせるという発想ではありません。

たとえがいいかわかりませんが、**永遠に回り続ける発想に近い。回転運動によって生じる遠心力で外側に向かう力と、それをさせないようにする力（向心力）が拮抗した状態を保ち続けるイメージです。**

前頁でヘッドが飛んでいくと話したのもこの動きがあるから。そのときに何かを止めるかといえばそんなことはなく、止めずに回り続けます。ハンマー投げもそうで、実は投げているわけではなく放っているだけです。

放つ動きにタメは必要ありません。そもそもタメというのは筋繊維の中で行われること。コッキングやリリースでタメはできません。仮にできたとしても、タメてリリースするなんて面倒臭い。タメなくても、同じか、それ以上のスピードが出るなら、そのほうがずっと簡単です。

二点吊り子運動のインパクト

二重振り子運動のインパクト

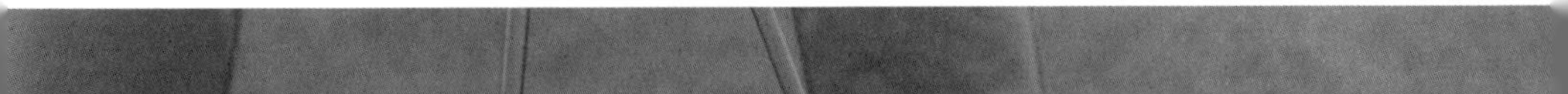
フェースを返しても回転が止ま
るのでヘッドが減速に転じる

二重振り子から二点吊り子へ

右手はスライドして使われるべきであることを知る

Keep Left Theory

二点吊り子の四角形で振るキープレフトにおけるメリットのひとつに、テコの原理も使用できることがあります。

ご存知のように、テコには「支点」「力点」「作用点」の3つが存在します。スイングでテコの原理を使うといった場合にとてもややこしいのは、スイングのパートによってこの3つのポジションが目まぐるしく変化することです。

変化する理由は、スイング中にヘッドスピードが絶えず変わるから。たとえば、ダウンスイングの始動時はヘッドの速度がゼロになります。そこから徐々にヘッドが加速していきますが、始動時はヘッドよりもグリップ側の移動距離が長く、速度も速い。この時点では「支点は右手」「力点は左手」「作用点はヘッド」です。支点と力点は離れていて、支点と作用点は近いほうが運動効率が高いので、この時点では右手と左手は離れているほどいいといえます。

しかし、ダウンスイングが進み、ヘッドの速度が徐々に上がってくるに従って三者の役割は変わり、「支点は右手」「力点はヘッド」「作用点は左手」となります。ここでも支点と力点は離れていたほうがよく、支点と作用点は近いほうがいい。つまり、右手と左手は近づいたほうがいいのです。この現象はバックスイングでも同様に起こっています。

こう見ると、**本来、右手の位置はスライドして使われるべきであることがわかります。**餅つきの杵、つるはし、薪割りの斧などのようにです。こういった道具に比べるとクラブの先端は重くないので、支点である右手は移動しなくても使えますが、この原理を知ることで見えてくるイメージや生まれる動作は存在します。

右手をスライドさせながら素振りをすると、この原理を使うことによる効果が手にとるようにわかります。すなわち、バックスイングで右手を左手から遠ざけていき、ダウンスイングで寄せてくる。このとき、右手が下になることが絶対条件です。この感じでインパクト～フォローに向かったときに右手を離したくなるのが正解。実際に離してみてもいいでしょう。これが振り子でなく吊り子＝キープレフトの使い方。インパクトの再現性が高まります。

スイング中、「支点」「力点」「作用点」は常に変化し続ける。写真のように右手をシャフト上にスライドさせながら振るとそれを実感できる。とりわけ大事なのはインパクトで右手が下にくることだ

右手のスライドで「右手を放したくなる」スイングを実感

キープレフトのスイング軌道

ヘッドの軌道はイン・トゥ・インにしかならない

これはキープレフトに限ったことではありませんが、正しいスイング軌道とは、クラブがライ角なりに動く軌道です。斜めの棒を斜めに振る。**ライ角が存在するものを回転運動で打つのですから、上から見たヘッドの軌道はイン・トゥ・インにしかなりません。**

ですからキープレフト理論の場合、インサイド・アウトかアウトサイド・インかを決める要素はボールの位置のみ。ボールが右寄りにあればインサイド・アウト軌道で、左寄りにあればアウトサイド・イン軌道でヒットします。

また、二点吊り子で振れればクラブの動きはいつも変わりませんから、アウトから下ろしてインに抜くとか、インから下ろしてアウトに抜くということにはなりません。スイング軌道については考えなくてもいいということ。インから、あるいはアウトから振る、というのは、振り子で

Keep Left Theory

振ることによって生じるものです。

二点吊り子だけでテークバックした場合、クラブがインサイドに動くことはありません。**二点によって吊られているクラブは、真っすぐからややアウトサイドに上がらなければおかしい。インサイドに入るのは体が回転するからです。**

その意味で大きく影響されるのがアプローチです。

5ヤードのアプローチを打つときに、手首を支点とした円すい振り子をイメージしてクラブを動かす人は、バックスイングがインサイドに入ります。

5ヤードのスイングでさえそうなのですから、打つ距離が伸びて振り幅が大きくなったらどうでしょう？　振り子が増幅するのに伴い、円すいの傘は遠心力によって開き、浮き上がってきます。こうして起こるのがトップやシャンク。それを警戒して抑制をかけるとクラブがかぶってザックリ……。面倒臭いことこの上ありません。振り子で振ってもプロがミスしない理由はただひとつ、練習量が豊富だからです。

二重振り子と二点吊り子の物理的な違い

プロがハンドファーストで飛ぶのは二点吊り子だから

二重振り子運動では、ヘッドは最下点で最速になります。最下点は手の真下。ハンドファーストで当てるということは最下点の手前で当てる、つまり、最速ではないところで当てることになりますから、**振り子でハンドファーストにしたら飛ばない**ということになります。

なぜプロがハンドファースト

クラブをヨコに使うキープレフトではグリップエンド側が止まることがない

Keep Left Theory

でも飛ぶのかといえば二点吊り子だから。**二点吊り子では、理論上グリップエンド側とヘッド側の移動距離が同じですから、ハンドファーストでも最速です。**

さらに、回転運動をしながらエンド側とヘッド側を反転させる作用でヘッドとボールをコンタクトさせるため、簡単にインパクトロフトが立ちます。

もちろん、クラブが替わっても同じ。ボールがティアップされていても地面にあってもクラブが処理します。クラブの特性もそのまま出ます。重心深度が深ければボールがつかまり、低重心なら高弾道になります。

グリップエンド側とヘッド側の移動距離が同じなので、ハンドファーストでも最速で当たる

振り子運動ではヘッドは最下点で最速に。最下点は手の真下だからハンドファーストだと最速点の手前でヒットする。二点吊り子運動ではヘッドが走り続けるのに加え、エンド側とヘッド側を反転させるのでハンドファーストでも最速点で打てる

NO

スイングの再現性を保つ

スイングは「手続き記憶」に落とし込む

Keep Left Theory

スイングで不可欠とされるのが再現性です。もちろんキープレフトでも同様。二重振り子に比べればはるかにシンプルなスイングだとは思いますが、再現性を保つにはちょっとした工夫が必要ですのでお伝えしておきましょう。

人間の記憶方法には、「陳述的記憶」と「手続き記憶」の2種類があります。「陳述的記憶」は脳の海馬という部分によって記憶され、おもに名称、時制、関連性などを記憶します。「陳述的記憶」でスイングを習得するとすれば、アドレスはこう構えて、バックスイングはここに上げて、頭の位置はここで、といったように、各パーツのポイントを箇条書き的に羅列し、順に読み上げながら覚えるような記憶方法になります。

一方の**「手続き記憶」は大脳基底核という部分によって記憶され、おもに運動を記憶します。**

我々は箸を使いますが、1ヵ月海外で箸を使わない生活を送ったあとでも、不具合を感じず普通に使えます。幼少期に自転車に乗れるようになっていれば、しばらく乗らなくても乗れます。これらは「手続き記憶」によっているからです。

「昨日はああだったのに今日はこう」というように、好不調の波が激しいのは「陳述的記憶」に委ねてスキルを習得しているから。「スライスしたから何かを変えた。そうしたらフックしたからまた変えてみた」ではダメです。つまり、**スイングは「手続き記憶」に落とし込むべきもの。**箇条書きにした、たくさんの項目をインプットしたところで何の意味もありません。

上達とは、考えなくてもできるようになることで、この領域に到達するには反復練習しかありません。同じミスが100球続いたらスイングを疑ってもいいですが、スライスもフックもストレートも出るなら、それは微妙な差しかありません。メソッドを入れ替えたところで違いはない。同じように打っていれば安定しますから、スライスしようがフックしようが意識するところは変えないことが大事です。

ただし、「手続き記憶」といえども、ハイレベルな技術は簡単に記憶できません。ゆえに、メソッドはシンプルであるべき。考えすぎ、工夫しすぎの練習は定着しません。斜めの棒を斜めに振るだけの発想で疑いなく練習すれば大脳基底核に収まります。

キープレフトのスイングは回り続けるスイング。ヘッドが最下点に達しても減速しないため、回転スピードの速さがヘッドスピードに反映される。また、クラブの性能にも敏感に反応するので自分に合ったスペックが容易に見つかる

回転スピードの速さが
ヘッドスピードに反映

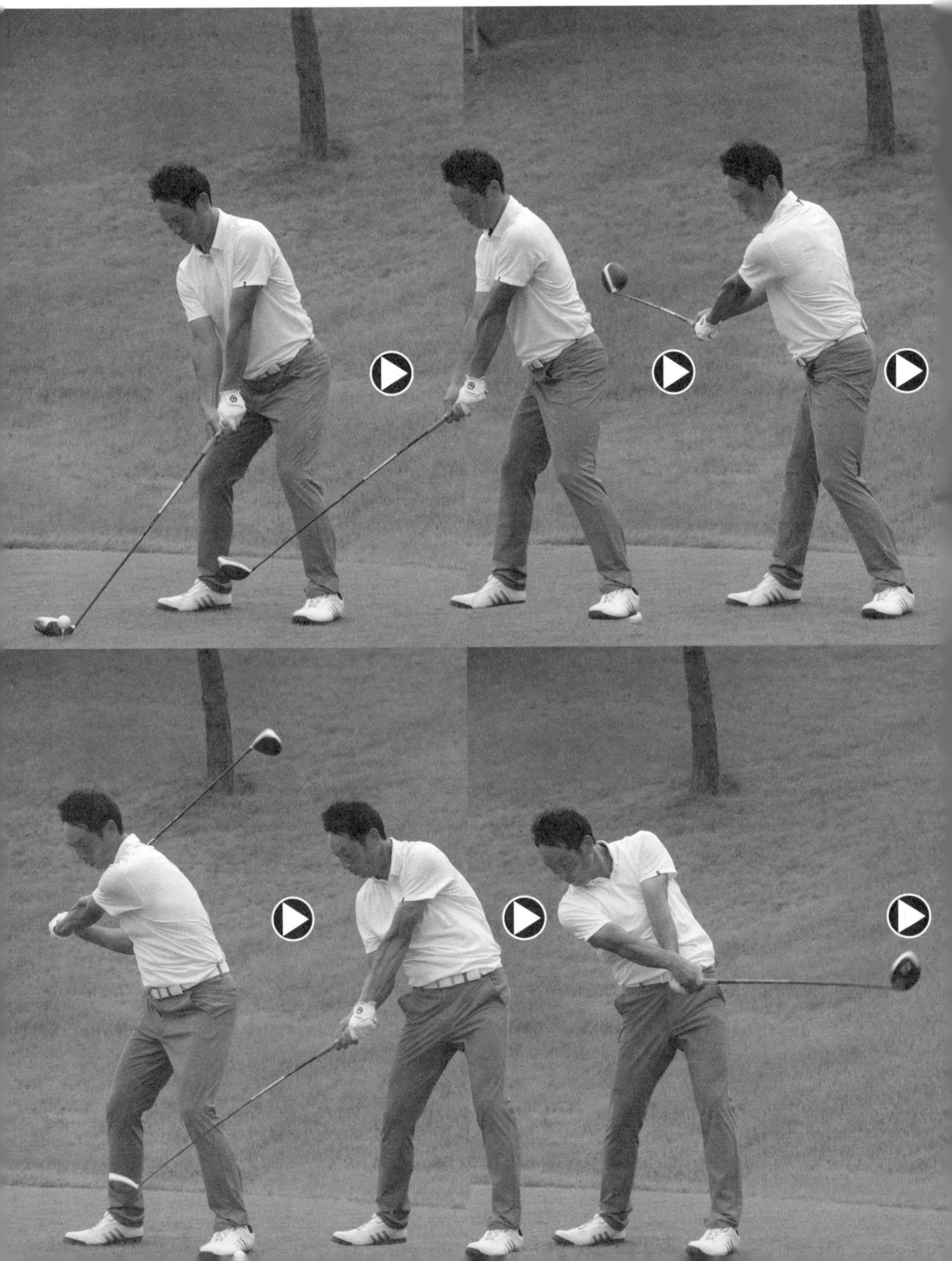

column

キープレフトがわかると アプローチが劇的によくなる

本書では全編にわたってドライバーを使ってキープレフト理論をお伝えしています。得手不得手関係なく練習機会が多いこと、そして、ドライバーが打てればどんなクラブも打てるから。一番長いクラブで打てるようになればアイアンは簡単です。

ただ、即効的に変わるのはアプローチです。アプローチイップスの方などは、キープレフトの原理を知っただけですぐに直ります。

どう振るにしても、やるのはボールにヘッドを当てること。たったこれだけのことを何十年も練習しているのに、うまく当たらない。冷静に考えるとおかしな話です。キープレフトで振るとボールを打つのがやさしくなるので、アプローチが劇的に変わるのだと思います。

もちろんドライバーでボールをつかまえるのに、手を返す、当てにいくといった動きも排除されますから、勝手にドローボーラーになって飛距離が伸びてきます。最初は右に行くかもしれませんが、せいぜい5分くらいです。

アプローチがよくなる

PART 6

キープレフト理論マスタードリル
～キープレフトを効率よく身につける～

スイングを効率よく身につけるにはドリルをやるのが一番。練習前や練習中に取り入れることでいつの間にか正しく動けるようになる

Keep Left Theory

右腕旋回ドリル

前腕、上腕、肩甲骨、鎖骨のユニットでクラブを右回りさせる動きをマスター

ボールがあれば当てに行きたいと思います。この練習はそんな動きを抑えつつ、ラウンドや練習前のウォームアップとしても活用できます。使用クラブは重さのあるウエッジがベストです。

右手でグリップの真ん中あたりを持ち、クラブをキープレフトのポジションにセットします。そこからクラブを背面に動かす感じで右ヒジを後方右斜め上に引きつつ、右肩甲骨を上げます。上がりきったらクラブを反転させ、右手のひらを上に向けながらクラブを下ろします。

右手がこう動くとクラブがインサイドから下り、斜めの棒が斜めにボールの位置に移動します。一連の動きをトータルで見るとクラブは自分から見て右回りをしています。スイングでは、前腕、上腕、肩甲骨および鎖骨をユニットで使います。前腕だけをクルクル回してボールをつかまえるのは間違い。バックスイングで右前腕が外に回ると右肩甲骨が下がってクラブが上がりません。

Keep Left Theory

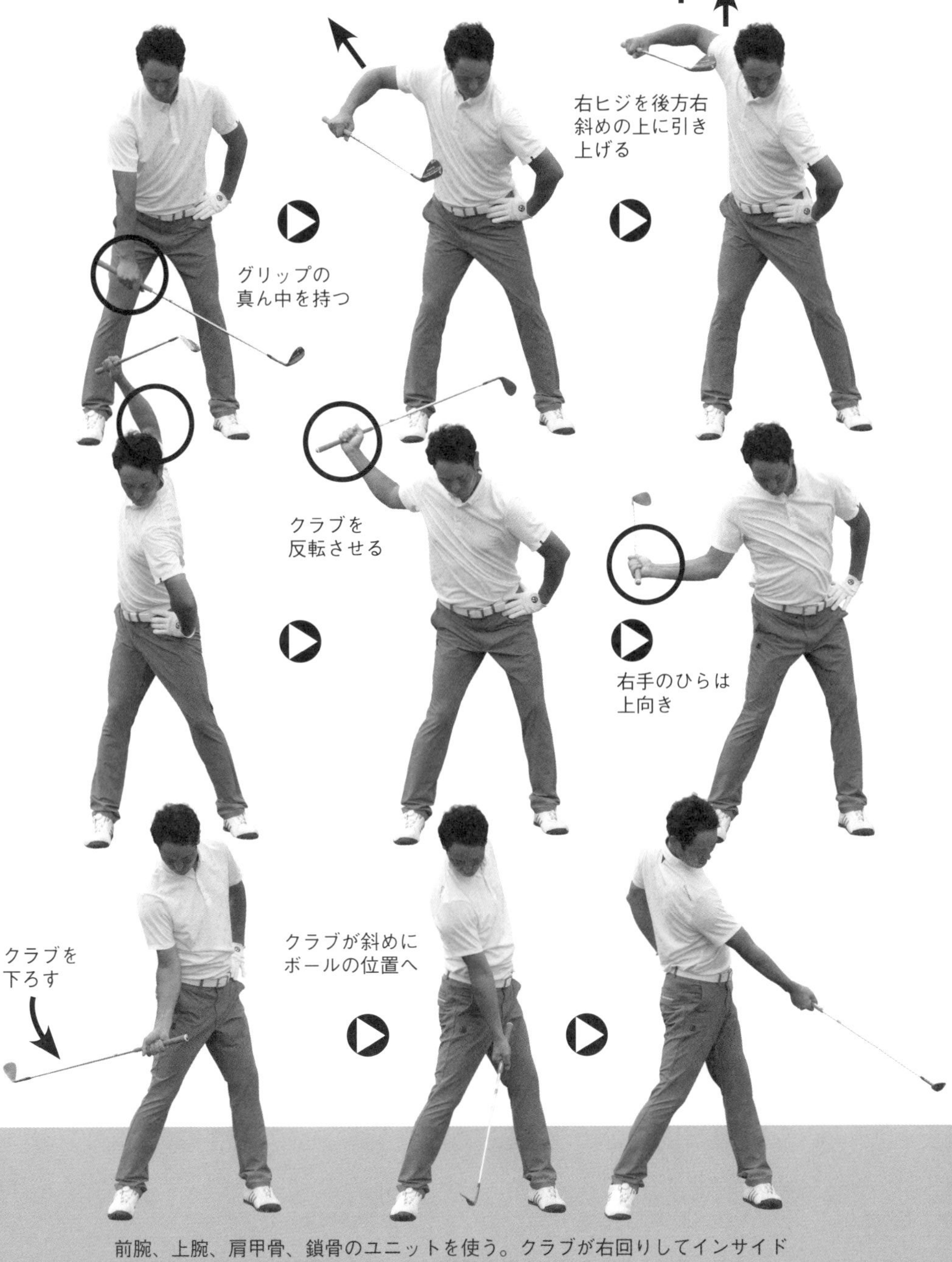

前腕、上腕、肩甲骨、鎖骨のユニットを使う。クラブが右回りしてインサイドから下り、斜めの棒が斜めにボールの位置に達するようになる

左腕旋回ドリル

左体側を伸ばして使い、クラブがインサイドから下りるようにする

こちらもラウンドや練習前のストレッチ的な要素の強いメニューですが、スイングにダイレクトに反映されるのでぜひ取り入れてください。

使用クラブはドライバー。左手1本で持ってセットアップしたら、キープレフトのイメージでクラブを上げます。左腕が地面と平行になるあたりにきたら、

ゆっくり大きく動いて左体側を伸ばす。ダウンスイングでクラブのライ角がキープされて、インサイドから下りるようになる

体を回してフィニッシュ

Keep Left Theory

上腕、前腕ともに右に回しながら頭の上に運びます。これで左体側が伸びます。

ここまできたら、今度は体を左に回転させてフィニッシュの位置（体の正面が目標方向を向く）のポジションまで行きましょう。ゆっくり大きく動くのがポイントです。

ここでやったように**左体側が伸びると、ダウンスイングでクラブが斜めを保ってインサイドから下ります。加えて、スイングアークが大きくなるメリットも享受できます。**

腕を右に回しながらクラブを頭の上へ
左体側が伸びる

フォワードプレスドリル

フォワードプレスの形を保ち回転運動によるインパクトをマスター

体とクラブの関係性を強調してキープレフトを覚えるドリルです。

セットアップしたらフォワードプレスを入れ、ボールに対してクラブフェースが開いた状態を作ります。**このとき、右前腕は右、左前腕は左に回り、クラブは体に対してヨコの位置にあるとともに斜めに傾く。つまりキープレフトポジションになります。**

このクラブと腕、および体の関係性を保ったまま体を右に回してバックスイング、左に回してダウンスイングからインパクトへと向かいます。素振りでもボールを打ってもいいですが、インパクトでもフェース面は開いたままにしておくこと。絶対に閉じてはいけません。

フェースが開いて当たってスライスするような気がするかもしれませんが、回転運動が伴っていればクラブの使用条件（１１０ページ参照）が満たされてボールがつかまります。

Keep Left Theory

1
アドレスする

2
フォワードプレスしてクラブをキープレフトポジションにフェースを開き、バランスポイントを意識する

3
クラブと腕、体の関係を変えずに体を右に回す

4
フェース面を開いたまま一気にダウンスイングからフィニッシュへ

フォワードプレスの形を保って体を右に回転。さらに左に回転してダウンスイングからインパクトへ。フェース面は閉じず平行四辺形を目標方向に向けながら振る

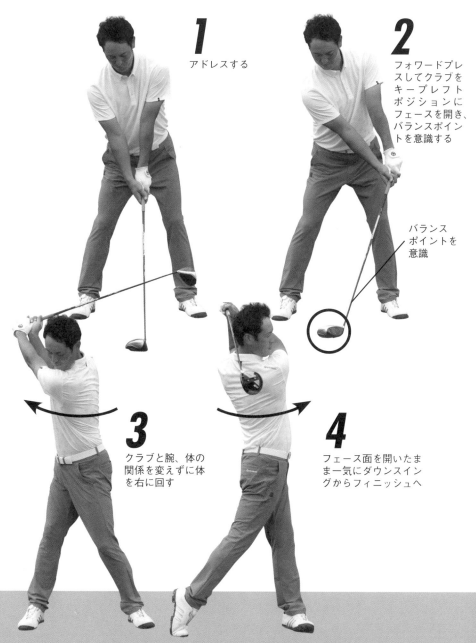

トライアングルドリル

バックスイングからインパクトでヘッドが三角形を描くように動く

Keep Left Theory

斜めの棒を斜めに振るには、インサイドから下ろすのが絶対条件です。このドリルはダウンスイングからインパクトでクラブヘッドがかぶって外から下りるのを防ぐ効果があります。

まずはテークバックでクラブを、自分から見て右斜め上に上げます。その流れでトップまで行き、体の近くからクラブを下ろす。

バックスイングからインパクトでヘッドが三角

バックスイングで右斜め上に上げたヘッドを真下に下ろし、インサイドからインパクトへ
3
体の近くにクラブを下ろす

形を描くように動きます。ヘッドがループする形でインパクトに向かうので、右サイドで〝つ〟の字を書くイメージで動いてもいいでしょう。

手首を使うと振り子の動きが入るので、**長い棒の真ん中を持ち、体の左側に当たらないように動くイメージをもちましょう。**フォワードプレスドリルと同様、インパクトに向かってフェースが閉じてこないように注意してください。

1 ヘッドを右斜め上に上げる

2 バックスイングからトップへ

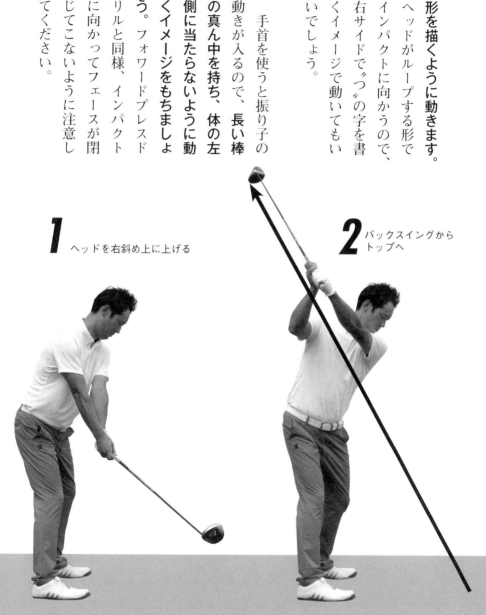

ヒールアップドリル

ダウンスイングのタイミングで右カカトを斜め後方に踏む

Keep Left Theory

キープレフト理論ではスイング中、意図的に体重移動したり、足を蹴るように使うことはありません。**推奨するのはベタ足。ダウンスイングで、右足で地面を踏みつけられるといい結果が得られます。**ということで、右足の使い方を体感し身につけるのがこの練習の目標です。

セットアップしたら右カカトを上げ、上げたままの状態でトップまで行き、カカトを下ろしながらダウンスイングします。

ポイントはダウンスイングのタイミングで、右カカトを斜め後方に踏む。このようにすると、**骨盤がクルッとスムーズに動いて体の回転スピードを上げることができます。**インパクトからフォローで右足に体重が乗っている感じになりますがそれでＯＫ。左足に体重が乗るのは最後の最後で、自分から乗せに行く必要はありません。

アドレス
右カカトを上げる
バックスイング
右カカトを上げたまま
トップまでいく
ダウンスイング
〜インパクト
右カカトを下ろし
ながらクラブを下
ろしインパクトで
もつけておく。骨
盤がクルッと回る

レベルバック&チェストダウン

フォワードプレスからインパクトまでの動きをインプット

フォワードプレスからバックスイングに至るプロセスは、キープレフトにとって大切なポイントです。フォワードプレスによってキープレフトが決まり、スムーズにバックスイングすることでダイナミックなスイングができるからです。このプロセスを着実に行い、インパクトまでもっていけるようになるのがこのドリルです。

アドレスしたら上体を起こして真っすぐに立ち、胸の高さでクラブを寝かせます。この体勢のままフォワードプレスしてからバックスイングし、一旦フォワードプレスのポジションまで戻ります。そこからもう一度同じ動きを繰り返してバックスイングしたら（レベルバック）、今度は胸郭を前に倒して（チェストダウン）フルスイングします。素振りでも、ボールを打っても構いません。

深いバックスイングから、思い切ってインパクトに向かうように心がけてください。

Keep Left Theory

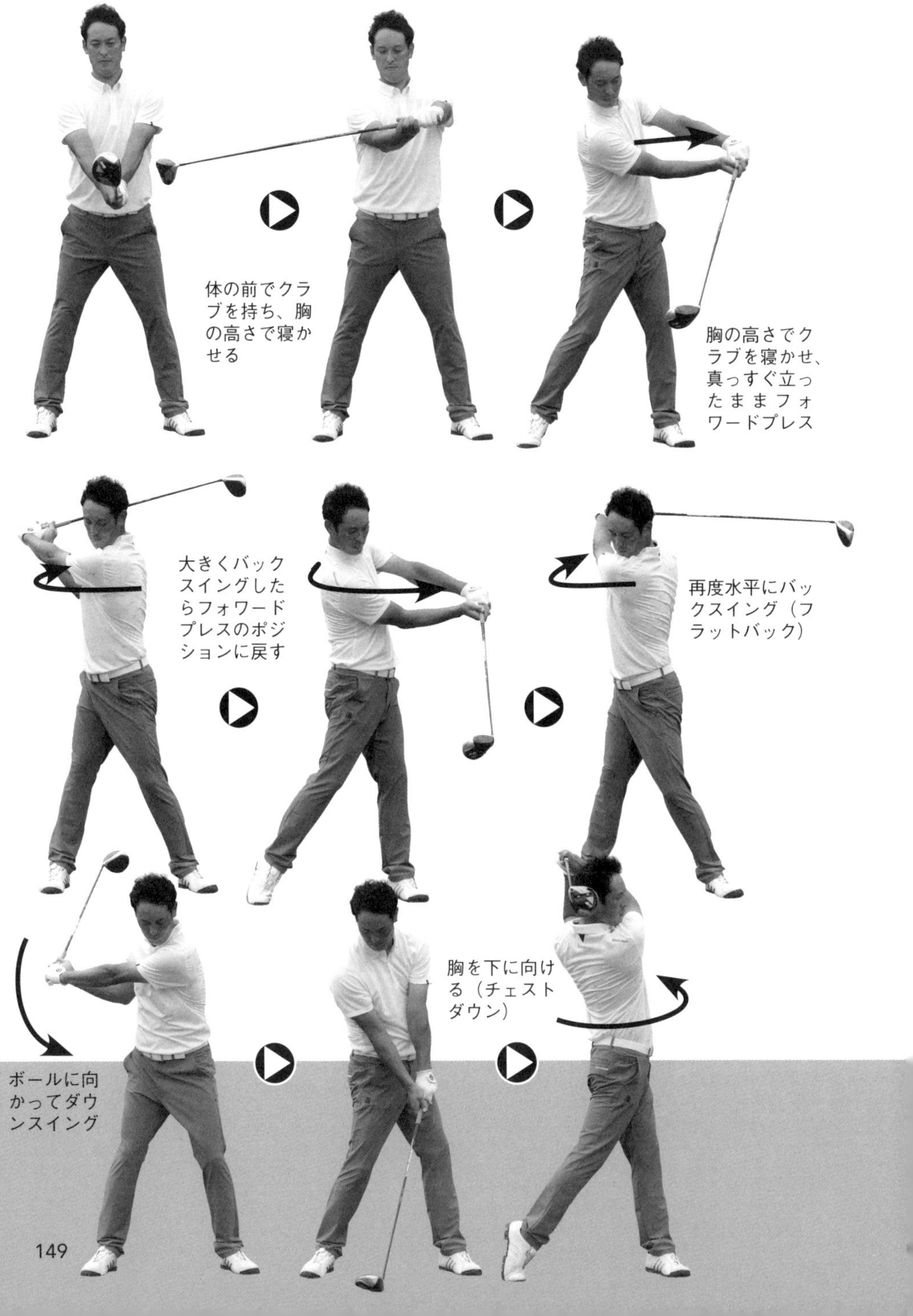
体の前でクラブを持ち、胸の高さで寝かせる
胸の高さでクラブを寝かせ、真っすぐ立ったままフォワードプレス
大きくバックスイングしたらフォワードプレスのポジションに戻す
再度水平にバックスイング（フラットバック）
ボールに向かってダウンスイング
胸を下に向ける（チェストダウン）

バウンドドリル

ヘッドをバウンドさせてから打つと筋反応を使えて再現性が高まる

スイングでは、ある程度クラブの重さを感じて動けたほうがいい。重さを感じられるということは、筋肉の反応を使えるということ。ショットの再現性を高めるにはベストの方法です（108ページ参照）。

ということで、**この練習はクラブの重さを感じつつ筋反応を使えるスイング作りに役立ちま**

クラブをバウンドさせた勢いでビュンと振る

Keep Left Theory

す。

セットアップしたらテークバックし、ヘッドが右45度くらいの高さにきたところで一旦止めます。そこからさらに上げて、左腕と地面が平行になるあたりで再びストップ。最初に止めた右45度のポジションとの間で、ヘッドをバウンドさせるようにクラブを上下に動かしましょう。ここでクラブの重さを感じつつ、体を回してフェースを開くこと。絶対に閉じてはいけません。

2度ほどクラブをバウンドさせたら、その勢いを駆って振る。ボールを打ってもＯＫです。

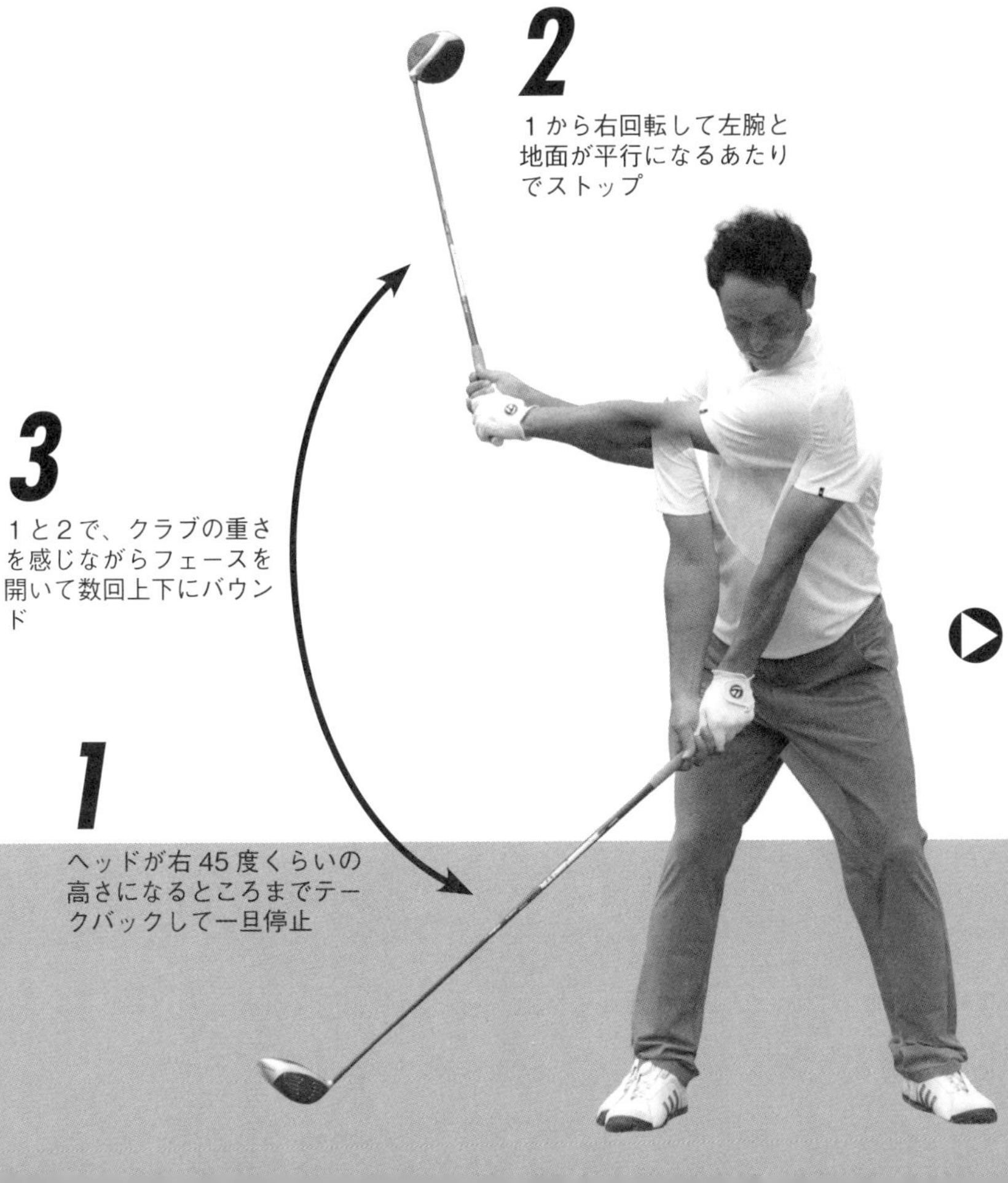
2
1から右回転して左腕と地面が平行になるあたりでストップ
3
1と2で、クラブの重さを感じながらフェースを開いて数回上下にバウンド
1
ヘッドが右45度くらいの高さになるところまでテークバックして一旦停止

オープンドロードリル

バックスイングからフィニッシュまで右足体重

バックスイングからダウンスイングでクラブを自分から見て右回りさせ、インサイドから下りるようにするドリルです。

クラブが外から下りる原因はいくつかありますが、ダウンスイングで右足を踏み込むこともそのひとつです。

ということで、バックスイン

3

左足を上げながら体を開いて左後方に回転

4

最後はここまで体を回す

Keep Left Theory

グからフィニッシュまで右足に体重を乗せたままスイングします。**右足体重ということは軸が右サイドにあるということ。**やってみるとわかりますが、**バックスイングで体がしっかり右に回ると否が応でもクラブはインサイドから下ります。**

もちろんフィニッシュも右軸のまま。右足は動かず、昔でいう明治の大砲スタイルになりますが、そこで止まることなく、左足を外に開いて体を開き、体の正面を目標方向に向けてしまっても構いません

1
ベタ足のイメージで右カカトを地面につけたままダウンスイング＆インパクト

2
打ち終わっても右足体重のまま

バックスイングドリル

ヘッドカバー投げでバックスイングを最適化

Keep Left Theory

NO

回転不足だとヘッドカバーが後方に飛ぶ

NO

手で上げていると前方に飛んでしまう

Check

ヘッドカバーがどこに飛んだかチェック。左ヨコに飛べばOK

キープレフトでは体を速く回すほど飛距離が出ますが、他のメソッド同様、バックスイングが浅くなるとダウンスイングで腰が開いて振り遅れます。また、バックスイングで必要以上に体を回すと上体が起きたり、リバースピボットになって、正しくインパクトできません。

適正なバックスイングやトッ

両手にヘッドカバーを挟んでバックスイング

バックスイングしきったあたりでヘッドカバーから手を離す

プのポジションは人それぞれですが、体の回転は不可欠。**大事なのは自分にとってベストなバックスイングを知り、その動きを習得しておくことです。**

それには、ヘッドカバーを投げるドリルが効果的です。両手でヘッドカバーを挟んでバックスイングし、その勢いで手を放してヘッドカバーを投げます。**ヘッドカバーが左真ヨコに飛べばＯＫです。**同じ左ヨコでも前方や後方に飛んだらＮＧ。回転運動が足りない、あるいはバックスイングを手で上げている可能性があります。

フィニッシュドリル

左ヒジをたたみ ヘッドカバーを真後ろに飛ばす

Keep Left Theory

ボールがつかまらない人は、フォローで目標方向にクラブを真っすぐ出したり、逆に左サイドに引き込んでいるかもしれません。前者ではヘッドの軌道がインサイド・インにならず、後者では結果的にカット軌道になる。つかまらないのはそのためです。

ともに共通しているのは左ヒジの使い方が間違っていること。**フォローからフィニッシュの過程では、左ヒジは伸びても、引けてもダメで、たたむことがポイントです。**

同じたたむのでもスイングでは体全体が動いています。そのためフォローでたたんだのでは遅いので、インパクト直後でたたむようにします。これはヘッドカバーを持ってスイングし、フィニッシュで投げるとよくわかります。**タイミングよく左ヒジがたためると、ヘッドカバーはフィニッシュ時の真後ろに飛びますが、問題があると左右いずれかの後方に飛びます。**

両手でヘッド
カバーを挟ん
でスイング

フィニッシュのタイミン
グでヘッドカバーを投げ
真後ろに飛べば OK

NO

手打ちになっていると右後方に飛ぶ

NO

ヘッドカバーが左後方に飛んだら回転
不足

おわりに

ゴルフクラブの構造は難しすぎます。L字型で重心深度があってロフトもついている。こんな変則的な道具を常日頃から扱っている人はいませんから、どう振っていいのかわかりません。頼みの綱は何となく見えるクラブフェース。フェースをボールに対して真っすぐ当てれば、真っすぐ飛ぶだろうと思うわけです。

そんな発想で動いても、繰り返せば当たるようになりますからそれなりに定着します。気がつけば道具の使用条件はもちろん、体のことも無視したスイングになっている。アマチュアの方の多くは、こうやって蝕まれてきました。

そんな中、多くのゴルファーを救ったのが振り子スイング。ただし、習得にたくさんの時間を費やすこと、ハマった人しかうまくいかないこと、また、正確性と再現性がともに低く、習得後もたゆまぬ練習を必要とする、といった問題もありました。

これは決して過去のことでありません。振り子がスイング習得メソッドのメインである日本では今も続いています。日本のゴルフを支えておられる40～60歳の世代の方々はもちろん、次代を支える若者さえ、昔ながらの振り子一辺倒で習得しているのが現状です。

もちろん、メソッドとして確立されている振り子スイングを否定するものではありません。ただ、振り子だけではないことをもっと多くの方に知っていただきたかった。その意味では、みなさんに本書をお届けできたのは大きな前進だと思っています。

スイングで必要なのは「斜めの棒を斜めに振る」ことにつきます。アドレスは重要ですが、それ以外は動いてみてから考えればいい。細かいことも記してきましたが、まずはキープレフトの発想に基づいてクラブを振ってみてください。簡単に斜めの棒を斜めに振れます。

「変なことやらされたけど、気づいたらゴルフスイングになっていた」と、お客様にいわれるのが私の理想。実践してくださった方には、そう感じていただけたと思います。

最後になりましたが、キープレフト理論は、これまでゴルフを通じて交流させていただいた方々のスイングがなければ生まれませんでした。ここにあらためて感謝の意を表します。また、出版を進めていただいた日本文芸社の三浦昌彦さん、構成者の岸和也さん、菊池企画の菊池真さんに多大なるご協力を頂きましたことに感謝いたします。

和田泰朗

１９７６年生まれ。スポーツ医学、ゴルフトレーニングなどを学んだ後、指導者になる。延べ２万９０００人を教え、現在女子プロの笹原優美らを教えている。２０１３年、世界的なティーチングプロの団体「ＷＧＴＦ」で会員３万８０００人の中の１％しかいない「マスター」の資格を取得。その後、独自にまとめた「キープレフト理論」が認められてＷＧＴＦのティーチングプロトップ１００に選出された。

著者紹介

和田泰朗
（わだ・ひろあき）

世界《せかい》が認《みと》めた 究極《きゅうきょく》のシンプルスイング キープレフト理論《りろん》

2019年10月10日　第1刷発行

著　者　和田《わだ》　泰朗《ひろあき》
発行者　吉田　芳史
印刷所　株式会社 文化カラー印刷
製本所　大口製本印刷 株式会社
発行所　株式会社 日本文芸社
〒135-0001　東京都江東区毛利2-10-18 OCMビル
TEL 03-5638-1660（代表）
URL　https://www.nihonbungeisha.co.jp/

Printed in Japan 112190924－112190924 Ⓝ 01　(210066)
ISBN978-4-537-21722-3

編集担当：三浦

STAFF

構成：岸和也
編集協力：菊池企画
装丁・本文デザイン・DTP：原沢もも
撮影：天野憲仁（日本文芸社）
撮影協力：桜ヶ丘カントリークラブ
桜ヶ丘ゴルフ練習場
（東京都多摩市）
企画プロデュース：菊池真